La banque de l'après-crise

Georges Pauget

Préface de

Alain Minc

DANGER
LE PHOTOCOPILLAGE TUE LE LIVRE

ISBN : 978-2-86325-535-3
Code Géodif : G70654

Diffusé par les Éditions d'Organisation, 1, rue Thénard, 75240 Paris Cedex 05.

Crédit photo : F. Daburon
Mise en page : L.C Création
Maquette couverture : jjda création graphique

La banque de l'après-crise

Georges Pauget

Préface de
Alain Minc

REVUE BANQUE
EDITION

Du même auteur

Faut-il brûler les banquiers ?
J.-C. Lattès, Paris, novembre 2009

Les 100 mots de la banque
en collaboration avec Jean-Paul Betbèze, Que sais-je ? PUF, Paris, juin 2008

Chez le même éditeur – *Nouveautés*

■ Hors collection

Contrôle de gestion bancaire et Direction financière
M. Rouach et G. Naulleau (5e éd.)

Crise des *subprime* – Origines de l'excès de risque et mécanismes de propagation (La)
L. Klein

Crise financière en 40 concepts clés (La)
Sous la direction de C. Karyotis, G. Bouslama, Ch. Bouteiller, G. Le Guirriec-Milner, É. Vernier

Dictionnaire bancaire, économique et financier – Français-Anglais/Anglais-Français
Banking, Economics and Finance Dictionary – French/English
J.-M. Cicile

Effet extraterritorial de la loi Sarbanes-Oxley (L')
P. Lanois

Mesure et gestion du risque de crédit dans les institutions financières
M. Dietsch et J. Petey (2e éd.)

Soupçon en questions – Pour une lutte efficace contre le blanchiment (Le)
Sous la direction de J.-L. Guillot, A. Bac, E. Jouffin, D. Hotte, Ch. Cutajar

■ Dans la collection *Comptabilité / Contrôle*

Gestion et contrôle des risques bancaires : l'apport des IFRS et de Bâle II
P. Dumontier, D. Dupré et C. Martin

Risques opérationnels – De la mise en place du dispositif à son audit
Ch. Jimenez, P. Merlier et D. Chelly

■ Dans la collection Droit / Fiscalité

AMF et Commission bancaire – Pouvoirs de sanction et recours
E. Bouretz et J.-L. Émery

Démarchage bancaire et financier & Conseillers en investissements financiers – À jour de la transposition de la MIF
Ph. Arestan (3e éd.)

Droit bancaire international
J.-P. Mattout (4e éd.)

Régulation des banques de l'Union européenne face à la crise (La)
D. Blache

■ Dans la collection *Les Essentiels de la Banque et de la Finance*

Banque coopérative en Europe – Stratégies et défis (La)
M. Roux et H. Guider

Capital-risque (Le)
M. Cherif (2e éd.)

Contrôle de gestion et stratégie dans la banque
G. Naulleau et M. Rouach (2e éd.)

Entrepreneurs, quel *Private Equity* pour vous accompagner ?
1er guide pratique pour choisir ses actionnaires financiers
F. Prévost

Finance islamique à l'heure de la mondialisation (La)
D. Saïdane

Introduction au *private equity* – Les bases du capital-investissement
C. Demaria (2e éd.)

Introduction en Bourse – Les nouvelles règles d'admission et d'information – Euronext, Alternext, Marché libre (L')
M. Goldberg-Darmon (2e éd.)

Marketing bancaire et de l'assurance – Préparer la sortie de la crise (Le)
M. Badoc en collaboration avec É. Trouillaud (2e éd.)

Paiements à l'heure de l'Europe et de l'*e*-paiement (Les)
R. Bouyala

Places financières internationales – Au lendemain de la crise (Les)
A. Borderie (2e éd.)

Taux d'intérêt (Les)
M. Cherif (2e éd.)

■ Dans la collection *Marchés / Finance*

Finance islamique (La)
G. Causse-Broquet

Préface

Comme tous les praticiens des « plus vieux métiers du monde », les banquiers sont toujours silencieux. Quand ils connaissent des années de vaches grasses, ils ne veulent pas afficher leur prospérité. Lorsque le temps des vaches maigres est venu, ils hésitent à avouer leurs difficultés et *a fortiori* à proclamer leurs erreurs. De là l'originalité de *La Banque de l'après-crise*. Un grand banquier tombe le masque car, chaque habitué de la Place de Paris le sait, Georges Pauget est un professionnel avec le mélange si particulier de rigueur et d'audace qui permet de passer du statut de prêteur d'argent à celui, plus mystérieux, de grand banquier. Il ne fait pas, de surcroît, vœu de sincérité à un moment banal.

Le système bancaire a failli – on commence à l'oublier – s'effondrer et l'économie basculer, de ce fait, dans l'inconnu. Georges Pauget, comme les meilleurs de ses pairs, s'en souvient. Il décrit l'engrenage fatal qui nous a conduits au bord du désastre. Ce sont, à ses yeux, dix raisons qui en sont à l'origine. Des *subprimes* au laxisme des banques centrales, du déséquilibre des paiements à l'évaporation soudaine des marchés financiers, de l'optimisme inconsidéré des opérateurs aux lâchetés des banquiers, rien ne manque à l'énoncé. La crise n'a pas, en effet, une cause unique et simpliste : elle n'a atteint cette intensité imprévisible que par suite d'une prise en masse. Maints dysfonctionnements se sont soudainement cristallisés et le ciment entre eux a été la disparition de la confiance. Car – utile rappel aux réalités – l'économie fonctionne avec trois – et non deux comme on le croit si souvent – facteurs de production : le capital, le travail et la confiance. Mais celle-ci revenue grâce à un formidable travail collectif des gouvernements, des banquiers centraux et des banquiers commerciaux, le système financier ne retrouvera pas son état antérieur, en se contentant de céder avec concupiscence à un lâche soulagement.

Dans l'éternel mouvement de balancier entre la libéralisation et la réglementation, l'avenir appartient, pour un temps, à cette dernière. Mais la période qui s'ouvre ne se résumera pas à perpétuer l'exercice de la profession avec simplement un taux de rentabilité raboté par les contraintes réglementaires. Le système va se transformer. La banque de détail, la gestion d'actifs, la banque d'investissement, le *trading* sont condamnés à muter ; le périmètre même des institutions sera affecté avec des excès de puissance et d'utiles démembrements.

Ce n'est pas un pari évident, pour un acteur majeur de la partie, de se livrer au jeu aléatoire des prophéties. Georges Pauget prend son risque. Il juge ses pairs, donc aussi son institution ; il essaie de profiler leur avenir ; il décrit, à grands traits, le panorama. Sans doute les surprises de la vie ne permettront-elles pas au modèle d'être aussi rationnel qu'il apparaît sous son pinceau, mais les tendances lourdes sont toutes décryptées, à l'encre sympathique, dans ce livre.

Je ne sais si l'élite bancaire est suffisamment extravertie pour accepter de voir l'un de ses membres se muer en théoricien. Admettra-t-elle que *La Banque de l'après-crise* devienne pour la profession bancaire ce que fut le cours d'économie politique de Raymond Barre pour des générations d'étudiants ? Le test est simple : cet ouvrage deviendra-t-il « le Pauget », comme on dit le Barre, le Malet-Isaac ou le Lavisse ?

Alain Minc

Table des matières

La banque de l'après-crise

La crise financière de 2007-2008, et maintenant 2009, a déjà profondément transformé l'économie bancaire à l'échelle internationale. De nombreuses banques ont disparu dans la tourmente, notamment aux États-Unis, les grandes maisons de Wall Street se sont rapprochées des banques de dépôts, ou ont fait faillite, ou encore ont fait évoluer leur modèle (à l'exception notable de Goldman Sachs) ou leur statut.

Un mouvement mondial de restructuration a commencé. Barclays a cédé sa gestion d'actifs pour se concentrer sur la banque d'investissement et éviter ainsi une gestion complexe de conflits d'intérêts aux USA. BNPP a absorbé Fortis. D'autres banques ont engagé des cessions d'actifs ou ont initié un rapprochement de leurs activités, comme le Crédit Agricole et la Société Générale dans la gestion d'actifs.

Ce mouvement est loin d'être achevé. Une incertitude encore trop grande entoure le prix des actifs bancaires. L'impact de la crise économique n'est pas encore complètement enregistré dans les bilans. Mais dès que l'horizon commencera à se dégager, que la conjoncture économique sera à nouveau raisonnablement prévisible, alors les fusions-acquisitions reprendront. Ces évolutions se feront dans un contexte différent de celui qui prévalait dans les années 2005-2006.

Aussi a-t-il semblé opportun de s'interroger sur les modèles bancaires de l'après-crise. En quoi la crise et les changements d'ordre réglementaire qui vont en résulter modifient-ils l'économie des métiers de la banque ?

Cet essai a pour objectif de proposer une nouvelle lecture des modèles économiques de la banque et de rechercher quelles pourraient être les lignes fortes d'une analyse stratégique qui prenne mieux en compte les problématiques de risque, tout en recherchant la meilleure valorisation possible des valeurs bancaires sur les marchés boursiers. Nous arriverons à la conclusion que le modèle de la banque universelle à la française, assez caractéristique en Europe continentale, doit évoluer vers un modèle plus simple, plus lisible par les marchés et que nous avons appelé le modèle « multi-spécialisé ».

Le livre suit la démarche de construction de ce modèle. Une première partie vise à identifier les transformations de l'environnement bancaire telles qu'elles résultent de la crise pour apprécier leur impact sur les modèles économiques des banques. La seconde partie décrit ces nouveaux modèles économiques en analysant les changements qui devraient intervenir dans les principaux métiers (banque de détail, gestion d'actifs, banque de financement et d'investissement), pour rechercher ensuite une combinaison de ces activités qui tienne mieux compte des facteurs de risque.

Partie I

La crise, facteur de transformation de l'environnement bancaire

Cette crise, par son ampleur, sa complexité, sa médiatisation aussi, devrait affecter significativement et sans doute durablement toutes les parties prenantes des activités bancaires. Si les banques ont été vite transformées en boucs émissaires par nécessité politique, une analyse plus distanciée montre que la réalité est plus nuancée et plus complexe [1].

Mais tous – gouvernements, banques centrales, régulateurs, superviseurs, banquiers, clients, entreprises ou particuliers – doivent tirer les leçons de cette crise. Ils ont eu peur. Les uns de voir le contrôle du système financier leur échapper, les autres de voir leurs entreprises en difficulté, les troisièmes de voir leur épargne compromise.

Après ces craintes, le temps passant, on risque d'oublier. C'est un phénomène classique. Mais ce serait une vraie prise de risque individuel et collectif que de laisser les règles et les organisations en l'état et les comportements inchangés. La crise a mis en évidence de profonds dérèglements des marchés financiers. L'instabilité qui les caractérise et que l'on mesure par la fameuse volatilité ne va pas spontanément se réduire.

Les pouvoirs publics au sens large vont édicter de nouvelles règles pour tenter de mieux orienter les comportements. Ce nécessaire changement comporte lui aussi des risques. Même si l'on met en place des mesures d'impact, ce qui est indispensable avant toute mise en œuvre de nouvelles règles, tout ne peut être prévu, tout ne peut être simulé (on vient de le voir avec cette crise). Il faut donc surveiller la mise en œuvre de ces nouvelles règles, apprécier leurs effets et les adapter en permanence. Le système financier est, notamment du fait des nombreuses innovations qui le caractérisent, en constante mutation. C'est donc un système de régulation dynamique qu'il faut bâtir et gérer de façon tout autant dynamique.

La démarche retenue ici n'est pas de présenter une nouvelle analyse des origines de la crise mais d'isoler les éléments caractéristiques de nature à impacter les

1. Georges Pauget, *Faut-il brûler les banquiers ?*, J.-C. Lattès Éditeur, Paris, novembre 2009.

modèles économiques des banques [2]. Tel sera l'objet du chapitre I. Le deuxième chapitre mettra en évidence le fait que les différents systèmes bancaires ont été inégalement impactés. Une analyse trop globale de la situation est en effet un piège. On ne peut comparer la situation des banques américaines avec celle des banques européennes. Et cela malgré les efforts du Fonds Monétaire International et de l'Administration Obama qui tentent d'accréditer l'idée d'une faiblesse structurelle des banques européennes. En allant plus loin, on ne peut pas non plus mettre sur le même plan, au sein de l'Europe, les banques allemandes ou autrichiennes et les banques françaises. La mise en évidence des origines de ces différences permet de mieux comprendre les écarts entre les modèles et explique leurs performances comparées.

Le chapitre III décrira le chemin que semblent suivre inexorablement, et parfois de façon indistincte, les superviseurs et les régulateurs qui conduit à un renforcement du cadre réglementaire, et tout particulièrement à une augmentation du niveau des fonds propres requis, globalement et pour certaines activités considérées comme plus risquées.

2. Pour une analyse des origines de la crise, on pourra se reporter à l'ouvrage de Laure Klein, *La crise des* subprime. *Origines de l'excès de risque et mécanismes de propagation,* Revue Banque Édition, Paris, décembre 2008, ou à l'ouvrage *La crise des* subprimes, rapport de Patrick Artus, Jean-Paul Betbèze, Christian de Boissieu et Gunther Capelle-Blancard, Conseil d'Analyse Économique, La Documentation Française, Paris, septembre 2008.

Chapitre I

Les dix caractéristiques de la crise

Le premier élément factuel à prendre en compte dans cette crise est son coût, qu'il soit financier, économique ou social.

La seule chronologie des estimations de pertes montre combien l'ampleur du phénomène a été sous-évaluée en 2007. Les acteurs engagés ont été, aussi choquant que cela puisse paraître à des observateurs extérieurs, surpris par certains phénomènes complètement inédits, ceci parce que les déséquilibres sont venus de produits ou de marchés de création récente et qui, en plus, s'étaient développés à l'échelle mondiale. On est étonné aujourd'hui de voir que la première estimation du coût de la crise était de 50 milliards d'euros puis, quelques mois plus tard, de 150 milliards d'euros. Nous sommes alors en août-septembre 2007. Ces chiffres, comparés aux résultats des banques à cette période, confortent le sentiment des observateurs suivant lequel les banques vont supporter le choc et que cette crise ne se propagera pas. Pour reprendre le vocabulaire de l'époque, il n'y aura pas de contagion, ce qui signifie pas de risque systémique.

Estimation du coût global de la crise

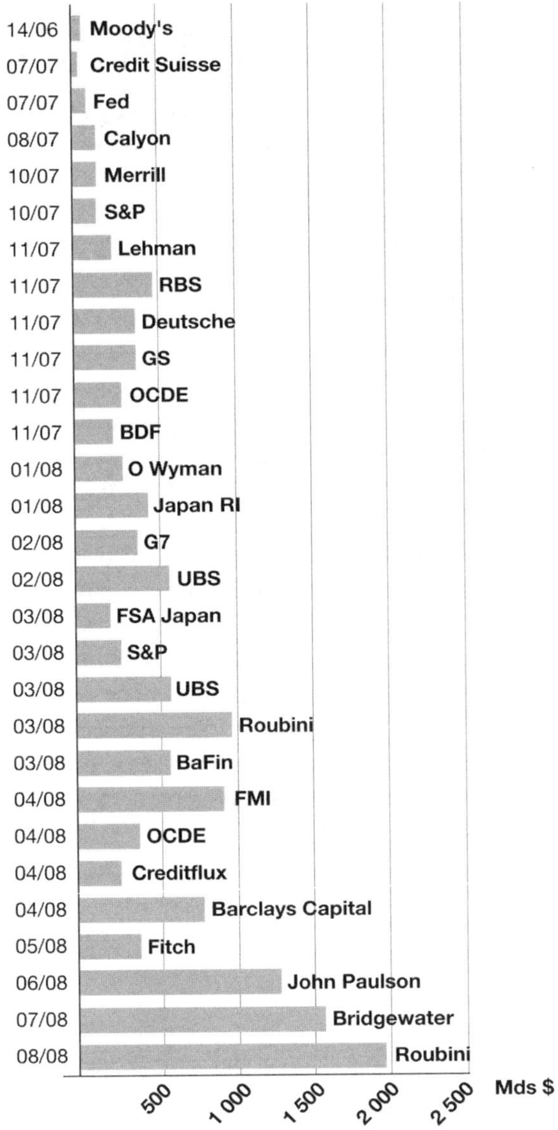

La prise de conscience de l'extension du phénomène intervient dans la deuxième partie de l'année 2007. L'estimation des pertes dépasse alors les 500 milliards d'euros. En moins de six mois, elle a été multipliée par 10. En mars 2008, les 1 000 milliards d'euros seront franchis : une multiplication par 20 en 1 an. Et l'on est passé d'un système bancaire absorbant le choc à un système bancaire déstabilisé, avec un processus de repérage par le marché des acteurs les plus faibles. La pression spéculative sur ces derniers va s'accentuer pour mener à la vente en catastrophe, sous pression de la Banque Fédérale de Réserve américaine, de Bear Stearns à JP Morgan.

Le coût économique de la crise ne peut être encore totalement évalué. Quant au coût social, il est déjà considérable. Aux USA, la crise a détruit autant d'emplois qu'il en avait été créé dans la période de croissance des années précédentes. Là encore le bilan n'est pas définitif, mais on sait qu'il sera lourd.

D'où l'impérieuse nécessité de bien identifier les phénomènes propres à cette crise, afin de les prendre en compte dans la gestion des risques des entreprises bancaires.

Une crise financière peut se définir simplement comme l'éclatement d'une bulle [3]. Cette bulle apparaît lorsque le prix d'un actif tel qu'il s'établit sur un marché s'écarte de façon significative et dans la durée de ses données économiques fondamentales.

La trajectoire d'une crise financière est un phénomène bien connu. Elle a été précisément décrite par Charles P. Kindleberger dans son célèbre ouvrage *Manias, Panics and Crashes* [4]. L'auteur distingue cinq périodes :

- l'essor : après un ralentissement conjoncturel, la machine économique est relancée, le crédit accompagne et facilite la croissance, puis l'accélère. Dans le cas particulier, l'essor commence dès le début des années 2000 [5] ;

3. Hélène Raymond et Christophe Boucher (sous la direction de Christian de Boissieu), *Les bulles spéculatives in Les systèmes financiers : mutations, crises et régulation*, 3e édition, Economica, janvier 2009.

4. Charles P. Kindleberger, *Manias, Panics and Crashes: A History of Financial Crisis,* Palgrave Mac Millan, New York, août 2005. Voir aussi Michel Aglietta et Sandra Rigot, *Crise et rénovation de la finance*, Odile Jacob, Paris, mars 2009.

5. René Ricol, *Rapport sur la crise financière*, mission confiée par le président de la République française dans le contexte de la Présidence Française de l'Union européenne, septembre 2008.

Émissions de MBS d'origine privée [6] aux États-Unis en miliards de dollars

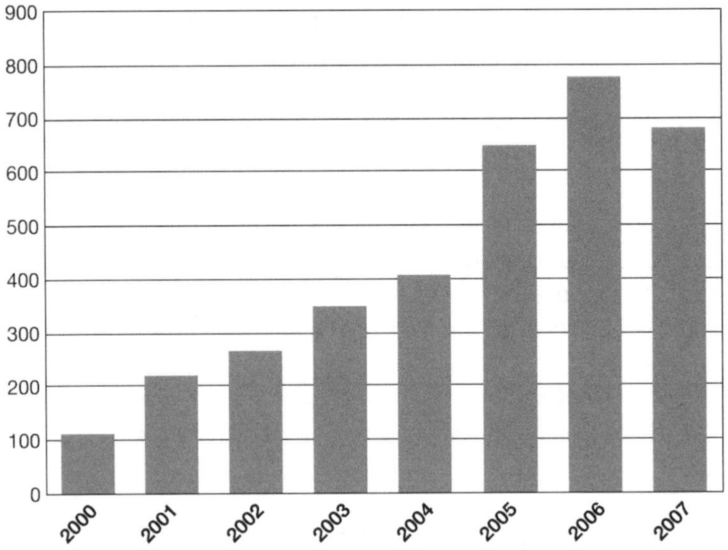

Source : SIFMA.

- la seconde période est celle de l'euphorie. Nous sommes en 2004-2005 ; puis
- le paroxysme et le retournement : 2006 et début 2007 ;
- le reflux et l'instauration du pessimisme : deuxième partie de 2007 jusqu'en septembre 2008 ;
- la déflation de la dette et la restructuration des bilans, à partir de septembre 2008 et le mouvement continue. Il ne sera pas achevé avant 2010.

La période dite de l'essor est le moment clé de la création de la bulle, celui au cours duquel le crédit joue un rôle décisif et contribue à un gonflement rapide du prix des actifs, et cela est encore plus vrai pour les actifs financiers pour lesquels le prix futur est entaché d'incertitude. Ce qui permet à l'optimisme ambiant d'avoir un effet positif. Ceci jusqu'au retournement.

6. MBS émis par des institutions autres que Fannie Mae et Freddie Mac.

Le schéma suivant illustre bien les mécanismes qui interviennent et explique que le pilotage de la croissance des crédits soit une préoccupation majeure des régulateurs lorsqu'ils ambitionnent de mieux gérer le risque systémique.

La spirale de l'emballement

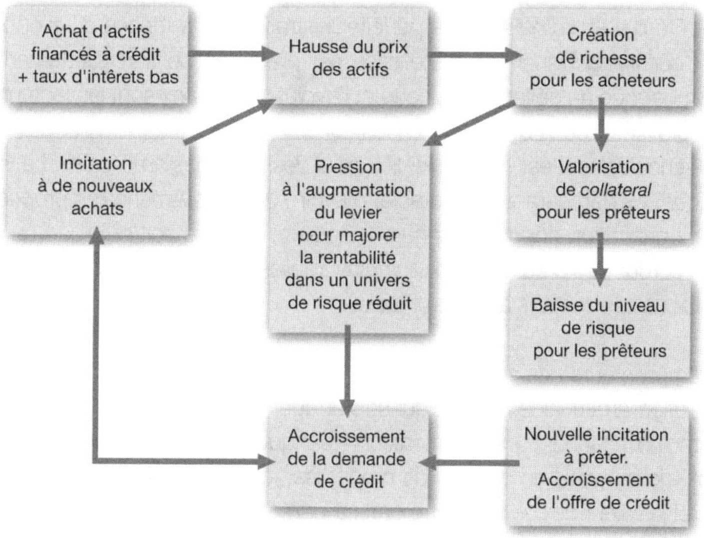

Source : Inspirée de M. Aglietta et S. Rigot, p. 26 (voir la bibliographie).

La crise des années 2007-2008 présente dix caractéristiques que nous analyserons successivement, de façon à faire ressortir les préoccupations qui seront nécessairement celles des régulateurs, des banquiers centraux comme des groupes bancaires et ceci quelle que soit leur activité. C'est une crise du surendettement, des déséquilibres des paiements internationaux, de la sous-évaluation du risque dans les banques, du risque de marché, du risque systémique. C'est aussi une crise de l'inadaptation des politiques monétaires, de l'hétérogénéité de la réglementation et du défaut de coordination des régulateurs. Cette crise s'est développée par vagues successives. Elle a entrainé un blocage des marchés ; illustration parfaite d'une crise de liquidité. Enfin, c'est une crise de la théorie financière, et plus particulièrement des hypothèses sur lesquelles reposent la plupart des modèles de gestion des risques.

Reprenons chacune de ces caractéristiques pour, à chaque fois, mettre en évidence l'impact potentiel sur l'activité bancaire et ses différents modèles économiques.

1. Une crise du surendettement

La réalité d'aujourd'hui est une parfaite illustration de la théorie développée en 1933 par Irving Fisher : « Toute crise est précédée de surendettement puis accompagnée de déflation. La dette et l'évolution des prix sont les facteurs clés de la gravité et de la durée des crises [7]. »

Le surendettement est en premier lieu celui des ménages américains. La volonté politique, au demeurant respectable, d'avoir 70 % des Américains propriétaires de leur habitation conduit la sphère financière – qu'elle soit publique ou privée – à accorder des crédits à des clientèles fragiles dans des conditions et suivant des modalités inimaginables en France.

Les emprunteurs dits *subprimes* appartiennent à la moitié la moins riche de la population américaine, « ceux qui se partagent en tout et pour tout 2,8 % du patrimoine national [8] ». Comment une banque peut-elle prêter à ce type de client – le mécanisme d'octroi de crédits est fondé sur un fichier positif, d'une part, et la valeur de l'actif, d'autre part (la *loan-to-value* ou LTV) ? Imaginons que celle-ci soit au moment de l'accord de crédit de 125 %, ce qui en première analyse apparaît considérable. Mais si dans le même temps le prix de l'immobilier augmente de 15 % par an alors la garantie couvre le risque en moins de deux ans. Si parallèlement, un différé d'amortissement du capital est accordé pour cette même durée et si, pour corser le tout, le taux d'intérêt des deux premières années est facturé en dessous du prix de la ressource (la facilité ainsi consentie étant reportée en fin de prêt [9]), on dispose alors de tous les ingrédients nécessaires à la création de créances douteuses dès que le prix de l'immobilier baisse. C'est ce qui s'est produit.

---

7. Hélène Raymond et Christophe Boucher, *op. cit.,* p. 92-93.

8. Paul Jorion, *L'implosion. La finance contre l'économie. Ce que révèle et annonce la crise des* subprime, Fayard Éditeur, Paris, mai 2008, p. 83.

9. Pour un autre exemple, voir Jean-Paul Betbèze, *La crise, une chance pour la France ?* (Page 65 : « Endettez-vous aux États-Unis »), PUF, Paris, janvier 2009.

Facteurs de risque des *subprimes*

Crédits *subprimes*	**Des *subprimes* au pic des crédits immobiliers**
Intérêts seulement	37
Pas d'apport personnel	38
Pas de documentation sur le revenu de l'emprunteur	43
Taux d'intérêt bas d'amorce et réévaluation programmée au bout de 2 ans	80
Risque combiné	26

Source : Deutsche Bank. Cité par M. Aglietta et S. Rigot, p. 34 (voir la bibliographie).

Mais le seul endettement de la partie la plus fragile, la plus risquée de la population US ne peut à lui seul expliquer l'ampleur de la crise [10]. C'est un déclencheur, mais le terrain sur lequel la crise va se répandre est celui de l'endettement des ménages, et plus globalement encore celui de l'économie américaine.

Taux d'endettement hypothécaire
(encours de crédit habitat/revenus des ménages)

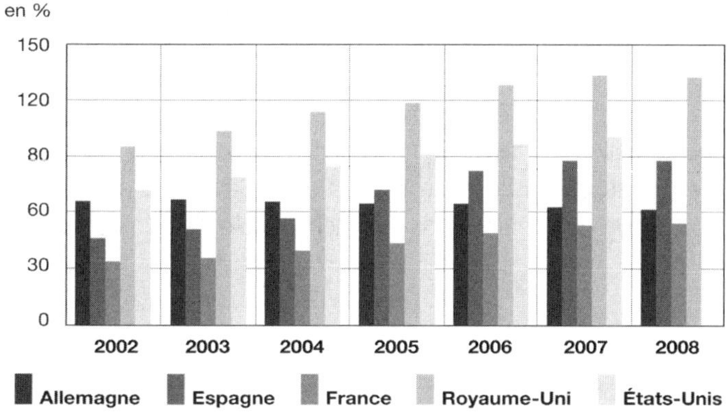

Sources : Banques centrales.

10. Jean-Paul Betbèze : « *Le vintage 2006 est le pire, au bout de seize mois après leur origination, plus de 12 % des crédits ont des problèmes graves, plus qu'aucune autre campagne précédente* » *in La crise, une chance pour la France ?*, p. 67.

Ce phénomène n'est cependant pas propre aux États-Unis. Il s'est aussi développé dans certaines économies européennes, notamment lorsque les techniques de financement de l'immobilier associaient taux d'intérêt variables (sans « cap » ou plafond à la différence de la pratique française qui consiste à limiter vers le haut les taux emprunteur, réduisant ainsi le risque du taux dit variable) et prise en compte de la valeur de l'actif (même si la valeur de celui-ci est certifiée par un architecte comme dans le cas de l'Espagne). Le lien entre ces techniques et le taux d'endettement des ménages est manifeste. Le taux d'endettement au titre de l'immobilier rapporté au PIB est de 110,7 % au Royaume-Uni, 105,5 % en Irlande, 88,9 % en Espagne et 63,3 % en France [11].

La même hiérarchie des niveaux d'endettement se retrouve au niveau des pays. Ainsi, le ratio crédit sur PIB est de 189,6 % pour les USA, 211 % pour le Royaume-Uni, 201,4 % pour l'Espagne, 107,9 % pour la France et 107,8 % pour l'Allemagne [12]. Comme nous le verrons dans un chapitre suivant, le lien entre endettement et déstabilisation du système bancaire est explicite.

Aussi, au vu de cette situation, les autorités monétaires cherchent-elles à piloter le désendettement des acteurs économiques privés. C'est le désormais célèbre *deleveraging* que l'on tente d'accélérer pour éviter que son effet dépressif ne dure anormalement et prolonge d'autant la crise économique.

Ce surendettement des grandes économies développées a été rendu possible par un formidable déséquilibre des paiements internationaux. L'épargne des économies émergentes a financé la consommation et l'investissement des pays riches. La consommation des ménages américains a représenté près du tiers de la consommation mondiale. Sa croissance est l'une des principales explications de la croissance économique avant la crise. Sa reprise, après la phase de dépression que nous connaissons, enclenchera celle de l'économie mondiale.

11. Wendy Atkins, "A little fine tuning – French retail banking", *The Banker*, juin 2009, p. 118.

12. Crédit au secteur privé. *Source* : FMI-IFS et Direction des Études Économiques de Crédit Agricole SA.

2. Une crise des déséquilibres des paiements internationaux

C'est au début des années 2000 que les mouvements internationaux de capitaux qui ne cessent de se développer deviennent le support d'importants transferts d'épargne. « Entre 1998 et 2007 le déséquilibre courant mondial passe de 1 % du PIB mondial à plus de 3 %. L'intégration financière internationale change ainsi de nature en même temps que l'imbrication des économies développées et émergentes se renforce. Ainsi, la taille moyenne des bilans internationaux des régions émergentes est passée d'environ 60 % à plus de 80 % de leur PIB [13]. »

Déséquilibres financiers
(déficit courant, en % du PIB mondial)

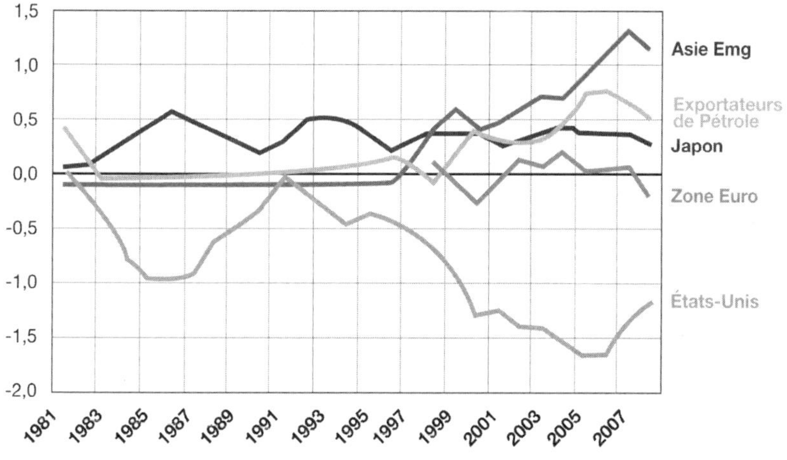

Sources : IMF, Crédit Agricole SA.

Les conditions d'une transmission de la crise américaine à l'ensemble de la sphère financière mondiale sont pleinement réunies dès 2007. Les économies émergentes, c'est-à-dire les États, les fonds souverains et les banques centrales

13. Anton Brender et Florence Pisani, *La crise de la finance globalisée*, Collection Repères. Éditions La Découverte, Paris, avril 2009, p. 26-27.

vont subir l'impact des dépréciations boursières. Pendant la période août 2007-fin 2008, la capitalisation boursière du secteur financier a perdu, en effet, 5 000 milliards de USD [14], une partie significative de ces pertes a été supportée par les non-résidents US.

Tous les pays sont donc, à des titres divers, concernés par les effets de la crise. Cette prise de conscience collective explique que les vingt pays les plus riches (85 % de la richesse mondiale) aient constitué de fait une instance de pilotage de la crise et veillent à arrêter les mesures propres à éviter qu'elle ne se reproduise. La création du Financial Stability Board en est l'illustration et, en quelque sorte, l'organe d'instruction et d'orientation.
L'enjeu associé à la réduction de ces déséquilibres est désormais bien perçu comme l'illustrent les Assemblées Générales du FMI à Istanbul. Il faut pour cela que les Américains continuent à épargner comme ils ont commencé à le faire au cours de ces derniers mois et que les Chinois consomment plus et surtout plus de produits importés à fort contenu innovant. Le chemin vers cette transformation sera nécessairement long et donc le parcours parsemé de risques.

Si l'on identifie maintenant les facteurs à l'origine de la crise, les mécanismes de transmission ne sont pas apparus immédiatement dans leur ampleur et leur complexité. Ils doivent cependant être explicités pour que l'on puisse, au niveau des établissements bancaires, mieux anticiper ces phénomènes de transmission des déséquilibres et plus généralement de transmission des risques.

3. Une crise dont les mécanismes de transmission ont joué de façon brutale et rapide

La vitesse de transmission des déséquilibres à l'intérieur de la sphère financière, d'abord, puis de la sphère financière à l'économie, ensuite, est à l'évidence l'une des caractéristiques majeures de cette crise.
Comment expliquer un tel phénomène ? Il résulte de facteurs multiples qui se sont conjugués dans un laps de temps court et ont tous joué dans le même sens.

14. Jacques Mistral (sous la direction de Pierre Dockes et Jean-Hervé Lorenzi), *Fin du monde ou sortie de crise ?*, « Le cas américain », Le Cercle des Économistes, Perrin Éditeur, avril 2009, p. 81.

Force est de constater, *a posteriori*, que les mécanismes de transmission de la crise ont fait l'objet d'une analyse erronée au cours de l'année 2007. Lors de l'Assemblée Générale du Fonds Monétaire International de l'automne 2007, à Washington, il était d'ailleurs remarquable d'observer que l'idée d'une intervention des gouvernements pour enrayer la crise, autre que l'apport de liquidité par les banques centrales, n'effleurait pas les officiels américains. Il suffit pour s'en convaincre de voir combien fut difficile le parcours parlementaire engagé début 2008 pour venir en aide aux ménages américains endettés. Aujourd'hui, il est manifeste que l'on a perdu un an et que, du fait de cet immobilisme, la crise a été prolongée au moins d'autant.

L'analyse de la transmission de la contagion financière reposait alors sur ce que l'on a appelé « le modèle des dominos » [15].

Modèle de dominos de la contagion financière

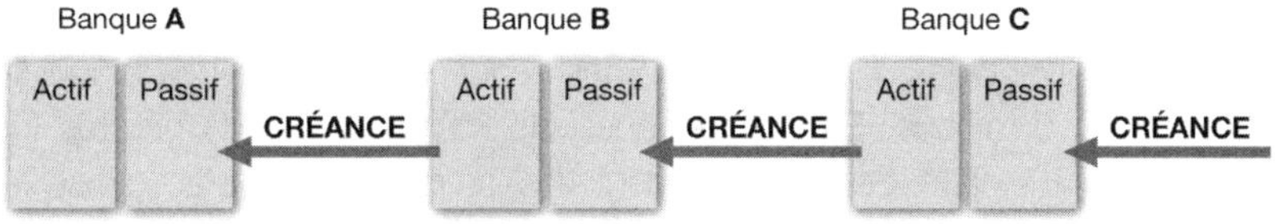

Sources : Tobias Adrian et Hyun Song Shin [15].

La banque **A** emprunte à **B** et **B** à **C**. Si **A** s'avère défaillante **B** voit son actif dévalorisé. Deux cas sont possibles : soit la perte est supportable par **B** et alors le mécanisme s'arrête, soit **B** fait également défaut et le mécanisme de transmission se poursuit. L'actif **C** est alors impacté et bien évidemment le niveau d'impact est déterminant pour interrompre ou poursuivre le processus.
La transmission est bien évidemment liée au niveau d'interdépendance entre les acteurs. On peut faire l'hypothèse qu'il est très fort au niveau du système bancaire d'un pays et des grandes places financières. Bien sûr, il faut aussi tenir compte du niveau de concentration qui accroît mécaniquement le risque systémique.

15. Tobias Adrian et Hyun Song Shin, « Liquidité et contagion financière », *Revue de la Stabilité financière*, n° 11, février 2008, Banque de France, Paris.

Même si l'on affine l'analyse, celle-ci ne fournit pas une explication satisfaisante. La raison en est simple. Le modèle des dominos suppose que chaque banque ne tienne compte que de sa propre situation et n'intègre pas l'évolution possible du marché, c'est-à-dire le jeu des autres acteurs.

Ce modèle des dominos n'est pertinent que si l'on se situe dans un modèle d'intermédiation pur et fermé et que les actifs détenus par les banques sont conservés par elles jusqu'à leur échéance et ne sont pas cessibles sur le marché. En d'autres termes, la transmission est ralentie dans un système bancaire dominé par l'intermédiation et accélérée lorsque le système est fondé sur la titrisation.

Le contexte est en effet complètement modifié dès lors que l'on introduit la titrisation [16]. Celle-ci permet de céder sur le marché des actifs qui deviennent liquides alors qu'ils seraient restés illiquides s'ils étaient demeurés dans le bilan des banques. Pour rendre cette cession possible, les actifs en question (des prêts à diverses catégories d'emprunteurs) sont regroupés, analysés pour évaluer leur probabilité de défaut et définir ainsi le prix de cession. La titrisation a plusieurs avantages du point de vue des banques : elle fournit de la liquidité et transfère du risque. Elle permet aussi de libérer des fonds propres (qui servent, dans le cadre des règles prudentielles, de garantie aux prêts conservés dans les bilans des banques) qui peuvent ainsi être utilisés pour initier de nouveaux crédits.

Ainsi, la titrisation crée un lien (qui n'existait pas auparavant) entre la finance intermédiée par les banques et la finance de marché. Le « modèle des dominos » qui s'appliquait au seul contexte de la finance intermédiée devient inadapté. Il faut, en outre, compléter cette analyse pour comprendre les caractéristiques du mécanisme de transmission tel qu'il a joué en 2007-2008.

Avec la titrisation on introduit le marché, ses règles, ses comportements. Le prix des actifs n'est plus, dès lors, seulement dépendant de leurs caractéristiques intrinsèques. Il est fonction des anticipations des acteurs du marché.

16. Tobias Adrian et Hyun Song Shin, « Le système bancaire parallèle : implications pour la régulation financière ». Pour ces auteurs, « la titrisation désigne la pratique qui consiste à fractionner les prêts et à les vendre à des investisseurs », *Revue de la Stabilité financière,* Banque de France, n° 13, sept. 2009, p. 7.

Le processus de valorisation des actifs trouve à s'exercer pleinement. Une vision positive de l'évolution des marchés constatée sur une période assez longue amène au phénomène que A. Orléan a appelé « aveuglement au désastre » [17]. Mais le feu couve sous la cendre, en même temps que les volumes titrisés augmentent, la qualité des actifs devient plus secondaire aussi bien pour les originateurs que pour les investisseurs. L'asymétrie d'information entre acheteurs et vendeurs d'actifs s'accroît au point qu'une certaine opacité s'installe. Les risques sont certes divisés mais la logique qui préside à cette décision devient de plus en plus floue.

Puis vient la période de retournement. Dans le cas de la crise récente, si le décrochage en février 2007 des indices ABX-HE a alerté les professionnels de ces marchés et explique les premières tensions sur la liquidité, le point de retournement peut être situé début juillet lorsque l'Agence Moody's abaisse ses notes sur des actifs considérés jusqu'ici comme peu risqués. Les autres agences s'engageront dans la même voie.

Ce véritable « choc informationnel » change brutalement la vision que les acteurs avaient du marché. Les détenteurs d'actifs commencent à vendre, les prix baissent, provoquant l'inquiétude d'autres détenteurs. La crainte de perdre nourrit le mouvement baissier jusqu'au moment où l'offre disparaît. Les acheteurs considèrent alors que le risque qui pèse sur le prix des actifs est trop grand. Il devient non mesurable. On passe de l'univers du risque à celui de l'incertitude. Ainsi s'explique la vitesse de propagation de la crise mais aussi son intensité.

Car c'est l'ensemble des marchés financiers qui est brutalement touché. Le phénomène s'apparente à une panique (*run*). Cette approche est corroborée par le fait que tous les Crédit Default Swaps (CDS), qu'il s'agisse de ceux des banques comme ceux des entreprises sont orientés dans le même sens, c'est-à-dire que le prix du risque monte de façon inimaginable.

17. André Orléan, *De l'euphorie à la panique. Penser la crise financière*, Éd. ENS, mai 2009, p. 48. Hyman Minsky qualifie aussi cette situation (1992) de « paradoxe de la tranquillité ».

Spreads de CDS speculative grade

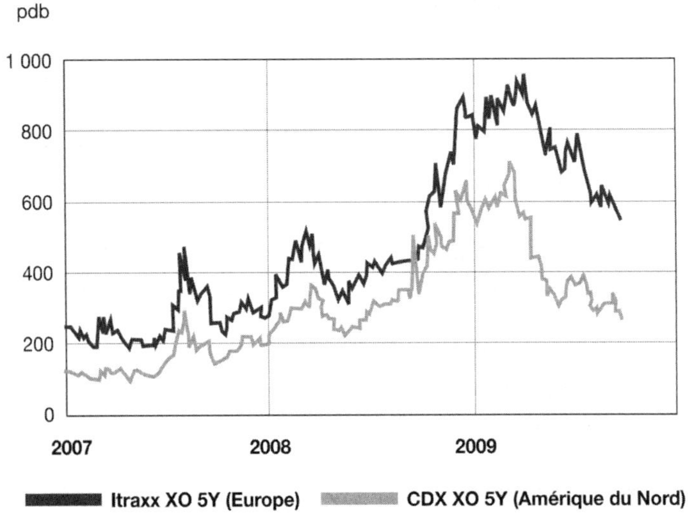

Sources : Bloomberg, CA – Séries ajustées aux changements de paniers de CDS.

Des secteurs économiques qui ne sont pas logiquement corrélés le deviennent, les marchés cotent un risque de ruine généralisée. Rien d'étonnant dès lors à ce que les régulateurs cherchent à encadrer la titrisation et à éviter ainsi une diversification des risques mal maîtrisée.

Ce blocage des marchés est aussi le symptôme d'une crise de liquidité. Celle-ci n'aura pas, à la différence de 1929, de conséquence dramatique. Les banques centrales vont en effet intervenir de façon rapide et massive à deux reprises au moins. La première fois lorsqu'en août 2007, la BNPP annonce la suspension de cotation de certaines de ses SICAV Monétaires Dynamiques, contribuant ainsi à un grave dysfonctionnement du marché monétaire. La deuxième fois immédiatement après la faillite de Lehman Brothers.

4. Une crise de liquidité

Relevons tout d'abord que la liquidité est un phénomène dont les ressorts sont mal connus. Pour qu'un marché soit liquide, il faut que la confiance existe entre les opérateurs. Sur les marchés dits organisés, celle-ci est obtenue par la sélection à l'entrée des opérateurs, la standardisation des produits, la compensation journalière des opérations qui permet de faire des appels de marge lorsque les opérations sont perdantes et donner ainsi toute sécurité en matière de règlement.

Sur les marchés libres (ou marchés OTC), tout repose sur la confiance que se font les acteurs entre eux. Pour ce faire, ils analysent la solvabilité de leurs contreparties et fixent des limites individuelles et des limites globales en conséquence. Les produits sont plus spécifiques et donc moins substituables. Le nombre d'opérateurs beaucoup plus limités : de ce fait, le *market making*, et donc la liquidité, repose sur un nombre très limité d'acteurs. En période d'incertitude les fourchettes de prix affichés s'écartent, les transactions se réduisent, voire s'interrompent.

Si la liquidité a commencé à faire défaut sur les marchés OTC, les difficultés se sont rapidement transmises. Le seul marché qui a été constamment liquide est la bourse au prix d'une décote des valeurs impressionnante.

Paradoxalement, cette crise de liquidité a été précédée d'une période de forte liquidité, liée aux déséquilibres financiers internationaux précédemment décrits et à la position particulière du dollar dans le système financier mondial. Tout le monde accepte de conserver cette monnaie sans exercer de réelle pression sur la politique américaine, puisque les monnaies des pays émergents sont, pour un grand nombre d'entre elles, dans une relation quasi fixe (*peg*) avec le dollar [18]. Rien ne s'oppose à ce que la Banque Centrale américaine, soucieuse d'assurer un minimum de croissance économique dans son pays, pratique une politique monétaire dite « accommodante », c'est-à-dire avec des taux d'intérêt bas.

18. C'est strictement le cas des monnaies du Golfe et, pratiquement, de la monnaie chinoise.

À noter que la BCE n'est pas dans la même situation puisqu'elle a pour seul objectif de maîtriser l'inflation (en pratique, faire en sorte que celle-ci reste en dessous du seuil de 2 %). Ceci explique que pendant toute la période 2000-2007, ses taux seront, la plupart du temps, plus élevés que ceux de la Fed.

Une fois le retournement observé, et pour éviter un blocage des marchés, les banques centrales vont apporter la liquidité que, par crainte du risque, les opérateurs privés ne fournissent plus. L'intervention, supposée ponctuelle en 2007, s'est poursuivie et a concerné de gros volumes. Les marchés n'ont pas rapidement trouvé un fonctionnement normal. La BCE, qui en début de crise fixait ses taux par adjudication, a dû revenir à une pratique de taux fixe pour rassurer les opérateurs sur sa politique et en particulier sur sa détermination à apporter toute la liquidité nécessaire.

Le blocage du système bancaire américain a provoqué une raréfaction de l'offre de crédit (c'est sans doute le plus grand *credit crunch* qui ait jamais été observé). Pour assurer un financement aussi normal que possible de l'économie, la Fed a fait le métier des banques en rachetant directement des créances commerciales ou des bons du Trésor.

C'est ce qu'on appelle aujourd'hui la politique monétaire non conventionnelle, ou encore « quantitative easing ». En d'autres temps, le financement direct du Trésor sans fixation de limites aurait été qualifié de « jeu de la planche à billets ». La BCE n'a pas suivi cette voie.

Elle a cependant ouvert très grande la possibilité de réescompter des créances sur 1 an (papiers de qualité, escomptés sans limite jusqu'à 12 mois, plus les *covered bonds*), à concurrence de 60 milliards d'euros, c'est-à-dire pour une quantité et un horizon de temps limités. Elle n'a pas racheté de bons du Trésor.

Après une telle crise, il est logique que la liquidité bancaire fasse l'objet d'un examen attentif par les différentes autorités de contrôle des banques : régulateurs et superviseurs.

Aussi, le Comité de Bâle a publié fin 2008 un nouveau corpus de règles dont les superviseurs nationaux et les banques préparent l'application. Des modèles sont élaborés banque par banque pour mieux apprécier le risque de liquidité et le gérer dans de meilleures conditions. De nouvelles exigences en matière de capital viendront sécuriser ce dispositif. Leur niveau n'est pas encore définitivement fixé.

Bilan Fed : décomposition de l'actif

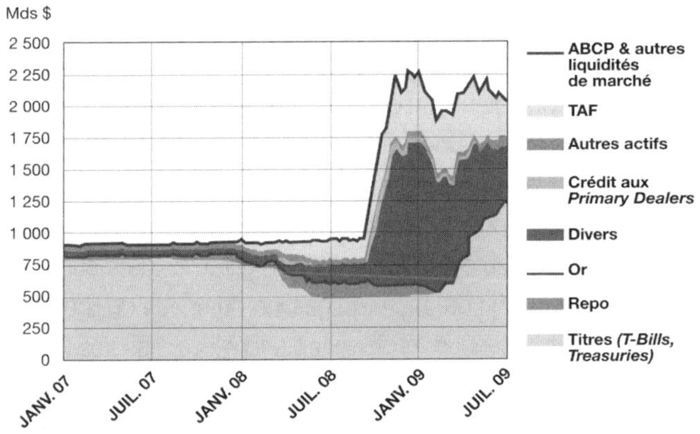

Sources : Fed, CA.

BCE : composition de l'actif

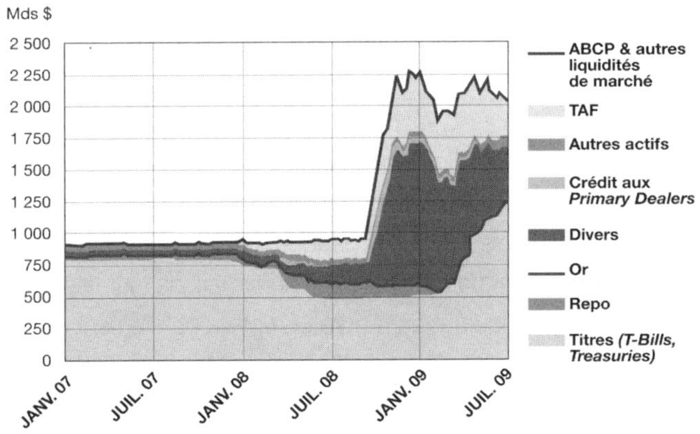

Sources : ECB, CA.

Principes de gestion et de supervision du risque de liquidité tels que définis par la Banque des Règlements Internationaux

Principe fondamental pour la gestion et la supervision du risque de liquidité

Principe 1 : Une banque est responsable de la bonne gestion du risque de liquidité. Elle doit établir un cadre solide de gestion du risque de liquidité qui assure le maintien d'une liquidité suffisante, prévoyant un matelas d'actifs liquides de qualité, librement disponibles, pour résister à différents événements de stress, notamment ceux impliquant la perte ou la dépréciation des sources de financement garanties et non garanties. Les superviseurs doivent évaluer l'adéquation du cadre de gestion du risque de liquidité et la position de liquidité de la banque, et doivent prendre des mesures rapides lorsqu'une banque est défaillante dans un de ces deux domaines, afin de protéger les déposants et de limiter les dommages potentiels au système financier.

Gouvernance de la gestion du risque de liquidité

Principe 2 : Une banque doit définir avec précision une tolérance au risque de liquidité adaptée à sa stratégie d'entreprise et à son rôle dans le système financier.

Principe 3 : La direction doit élaborer une stratégie, des politiques et des pratiques pour gérer le risque de liquidité en conformité avec la tolérance au risque et pour s'assurer que la banque maintient une liquidité suffisante. Elle doit examiner en permanence les informations sur les événements de liquidité de la banque et en rendre compte régulièrement au conseil d'administration. Celui-ci doit examiner et approuver la stratégie, les politiques et les pratiques concernant la gestion de la liquidité, au moins une fois par an, et s'assurer que la direction gère efficacement le risque de liquidité.

Principe 4 : Une banque doit intégrer les coûts, les bénéfices et les risques de liquidité dans sa procédure de tarification interne, de mesure des performances et d'approbation des nouveaux produits pour toutes les activités importantes (au bilan et hors bilan), en alignant les incitations à la prise de risque des différents métiers sur les expositions au risque de liquidité que leurs activités génèrent pour la banque dans son ensemble.

Mesure et gestion du risque de liquidité

Principe 5 : Une banque doit avoir une procédure fiable pour identifier, mesurer, surveiller et contrôler le risque de liquidité. Celle-ci doit inclure un cadre solide pour projeter de façon exhaustive les flux de trésorerie résultant des éléments d'actif, de passif et hors bilan, à des horizons appropriés.

Principe 6 : Une banque doit surveiller et contrôler activement les expositions au risque de liquidité et les besoins de financement sur l'ensemble des entités, des métiers et des devises, en tenant compte des contraintes législatives, réglementaires et opérationnelles en matière de transférabilité des liquidités.

Principe 7 : Une banque doit établir une stratégie de financement assurant une diversification efficace des sources et des types de financement. Elle doit maintenir une présence continue sur les marchés de financement choisis, ainsi que des relations fortes avec les bailleurs de fonds, afin de favoriser une diversification efficace des sources de financement. Elle doit évaluer régulièrement sa capacité à lever rapidement des fonds auprès de chaque source. Elle doit identifier les principaux facteurs influant sur cette capacité et les surveiller étroitement pour s'assurer que les estimations de sa capacité à lever des fonds sont toujours valables.

Principe 8 : Une banque doit gérer activement ses positions et ses risques de liquidité *intraday*, pour respecter dans les délais ses obligations de règlement et de livraison, dans des conditions normales et dans des conditions de stress, afin de contribuer au bon fonctionnement des systèmes de règlement et de livraison.

Principe 9 : Une banque doit gérer activement ses positions en actifs de garantie, en distinguant les actifs librement disponibles et les actifs grevés. Elle doit surveiller les entités et les sites physiques détenant des garanties, ainsi que les modalités de mobilisation en temps opportun.

Principe 10 : Une banque doit mener régulièrement des tests de stress selon différents scénarios à court terme et à long terme, propres à l'entreprise et propres au marché (séparément et conjointement), afin d'identifier les sources de difficultés de liquidité potentielles et de s'assurer que les expositions actuelles restent conformes à la tolérance au risque de liquidité, fixée par la banque. Elle doit exploiter les résultats des tests de stress pour adapter ses stratégies, politiques et positions de liquidité, ainsi que pour élaborer des plans de secours efficaces.

Principe 11 : Une banque doit avoir un plan de financement de secours (CFP) formalisé, exposant clairement les stratégies destinées à traiter les défaillances de liquidité dans des situations d'urgence. Le CFP doit présenter les politiques de gestion de différents environnements de stress, établir des structures de responsabilité précises et indiquer des procédures détaillées de demande et de remontée d'informations. Il doit être régulièrement testé et mis à jour pour garantir qu'il est opérationnellement solide.

Principe 12 : Une banque doit détenir un matelas d'actifs de qualité, librement disponibles, comme assurance contre différents scénarios de stress de liquidité, notamment ceux impliquant la perte ou la dépréciation des sources de financement non garanties et des sources de financement généralement disponibles et garanties. Il ne doit y avoir aucun empêchement législatif, réglementaire ou opérationnel à l'utilisation de ces actifs pour obtenir un financement.

Information publique

Principe 13 : Une banque doit divulguer régulièrement au public des informations permettant aux acteurs du marché de se former un jugement en connaissance de cause sur la solidité de son cadre de gestion du risque de liquidité et de sa position de liquidité.

Rôle des superviseurs

Principe 14 : Les superviseurs doivent effectuer périodiquement une évaluation exhaustive du cadre de gestion du risque de liquidité et de la position de liquidité de la banque, pour déterminer si ceux-ci offrent un niveau de résistance au stress de liquidité approprié, en fonction du rôle de la banque dans le système financier.

Principe 15 : Les superviseurs doivent compléter leurs évaluations régulières du cadre de gestion du risque de liquidité et de la position de liquidité de la banque par le suivi d'un ensemble de rapports internes, de rapports prudentiels et d'informations du marché.

Principe 16 : Les superviseurs doivent intervenir pour demander une mesure corrective efficace et opportune de la part de la banque, afin de traiter les défaillances dans ses procédures de gestion du risque de liquidité et dans sa position de liquidité.

Principe 17 : Les superviseurs doivent communiquer avec les autres superviseurs et les autorités publiques, telles que les banques centrales, à l'intérieur et au-delà des frontières nationales, afin de faciliter une coopération efficace en matière de supervision et de suivi de la gestion du risque de liquidité. Les communications doivent être effectuées régulièrement aux heures normales ; les types et les fréquences des informations communiquées doivent être dûment augmentés en période de stress.

Source : BRI, septembre 2008.

La démarche constamment suivie tant par les régulateurs que par les banques vise à mieux apprécier les différents types de risques. Force est de constater qu'en la matière la crise a montré les limites des approches utilisées.

5. Une crise de la sous-évaluation du risque bancaire

Plus précisément encore, cette sous-évaluation est concentrée sur les risques de marché. Une des façons d'appréhender ce phénomène est de prendre l'exemple des produits structurés de crédit construits par les équipes spécialisées des grandes banques de financement et d'investissement. Si, d'évidence, la source de la crise est une bulle immobilière, sa transmission à grande échelle, et plus exactement encore sa contagion aux grandes institutions bancaires tient aux caractéristiques de ces produits.

La base est constituée de créances immobilières ou d'autres types de prêts comme ceux finançant les prêts automobile, les encours de carte de crédit. Ces créances sont titrisées [19].

Intervient alors la banque d'investissement qui va acheter ces titres représentatifs des actifs pour réaliser l'opération dite de structuration. Celle-ci consiste à analyser le risque de chacun de ces actifs, à les trancher, et à les regrouper ensuite par niveau de risque. On obtient ainsi une tranche dite « equity ». C'est la plus risquée ; elle supporte les premières pertes. Puis au-delà d'un seuil, on passe à la tranche « mezzanine » qui regroupe les risques que l'on pouvait qualifier d'intermédiaires avant la crise. Enfin, au-delà d'un deuxième seuil se situe la tranche « super senior ».

19. Selon le *Financial Times,* « la titrisation se réduit à ôter [les crédits] de ceux qui sont capables de les porter [les banques] pour les mettre sur les épaules de ceux qui sont incapables de les comprendre ». Cité par Olivier Pastré et Jean-Marc Sylvestre, *Le roman vrai de la crise financière,* Perrin Éditeur, Paris, novembre 2008, p. 68.

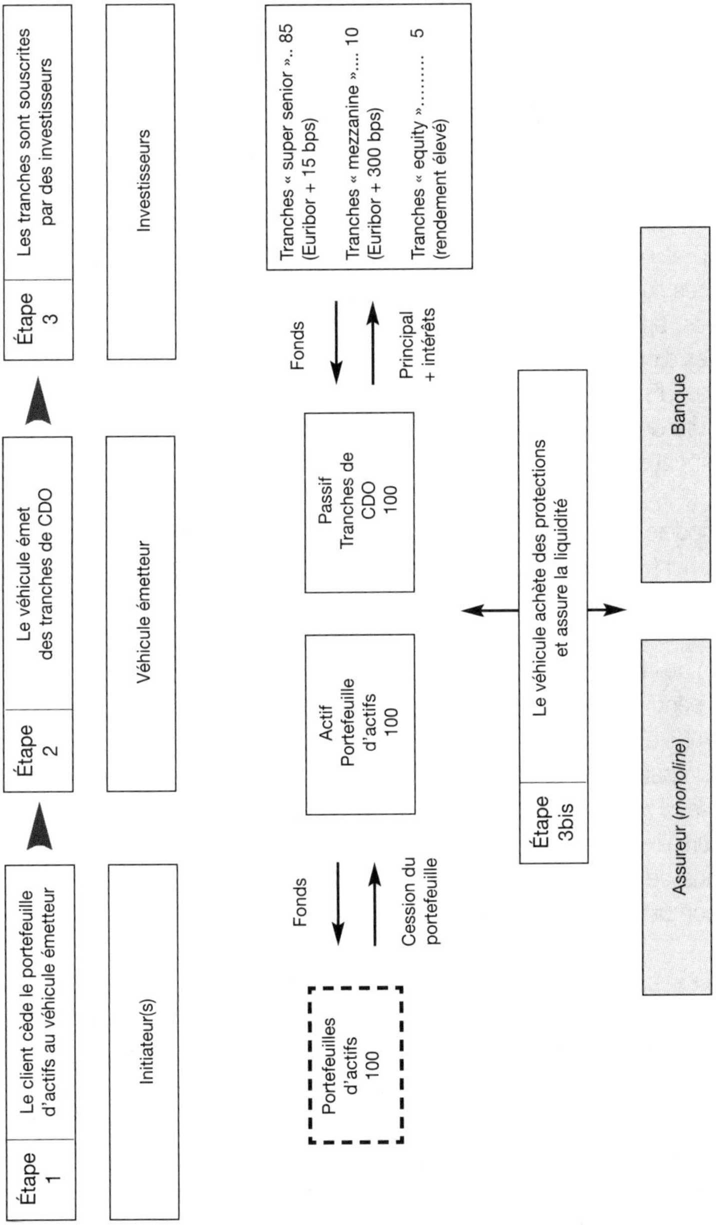

Source : *La crise des* subprimes, Conseil d'Analyse Économique, *op.cit.*

Dans le modèle origination (recherche des actifs) – structuration – distribution, la banque d'investissement pré-commercialise la tranche *equity* (les acheteurs sont des *hedge funds*) et une large part de la tranche *mezzanine* (les acheteurs sont des *asset managers*). La tranche *super senior*, dans un contexte de taux d'intérêt bas, n'était rémunérée que quelques points de base (0,01 %) et, de ce fait, n'était pas intéressante pour les investisseurs. Les banques les conservaient donc. Mais pour éviter que ces actifs ne pèsent trop dans le calcul des fonds propres prudentiels alors que leur rentabilité était faible, le risque associé aux tranches super-senior était ré-assuré auprès de compagnies d'assurances spécialisées, appelées « monoline ». Ces compagnies avaient, pour les plus importantes d'entre elles, commencé leur activité en garantissant les obligations municipales US pour les rendre éligibles au portefeuille des fonds monétaires. Cette activité de garantie des tranches *super senior* apparaissait alors comme une diversification.

C'est le modèle d'analyse du risque de ces actifs et de leur tranchage qui s'est avéré défaillant, au point que les tranches considérées comme non risquées paraissent aujourd'hui aux yeux des marchés comme pouvant essuyer des pertes. La mécanique est encore plus brutale si on la compare à celle d'un portefeuille de crédit classique. En effet, dès que le seuil de perte (appelé « point d'attachement ») est touché, la valeur de l'actif tombe subitement à zéro. Pour reprendre une expression bien connue des amateurs de football : c'est la « mort subite ». On peut faire valoir – ce qui est exact – que les banques se sont trop reposées sur les agences de notation et qu'elles n'ont pas suffisamment sollicité leurs ressources internes en évaluation du risque de contrepartie. Mais même dans ce cas, la crise se serait développée car c'est le processus de structuration qui est en lui-même porteur de risque.

Le propre de ces produits est, en effet, d'être construit sur mesure pour un investisseur. Chaque produit est unique. En conséquence, sa liquidité dépend exclusivement du « market maker », c'est-à-dire en pratique de la banque qui a réalisé la structuration, et ceci parce que c'est elle qui connaît le mieux la composition du produit structuré et donc le niveau de risque qui lui est attaché. Si la contrepartie n'est pas le structureur, l'asymétrie d'information entre acheteur et vendeur est importante, la probabilité d'avoir un marché fluide est faible. À moins que, du fait de l'excès de liquidité, les capitaux ne sachent pas où investir. La sélection des investissements en est alors réduite à sa plus simple expression. C'est bien ce qui s'est passé en 2007. L'absence brutale de liquidité a ainsi conduit à une baisse anormale des prix, puis à un blocage comme cela a déjà été décrit dans l'approche globale des marchés en situation de crise.

Paradoxe supplémentaire : du fait du jeu des règles comptables qui consiste à rechercher la valeur de marché (*mark-to-market*), ces actifs qui figurent au bilan des banques sont très largement dépréciés, alors que les seuils de perte (ou points d'attachement) qui définissent les frontières des tranches *super senior* n'ont pas été franchis. Ainsi, la faible substituabilité des produits fait que leur liquidité est par nature réduite ; si l'on ajoute à cela l'incertitude attachée aux modèles de risques, on comprend l'ampleur du dérèglement du système que l'on a pu observer.

Prenons un autre exemple de produits structurés de crédit, les produits dits de « corrélation », différents de celui des CDO qui vient d'être décrit. L'idée du produit est intéressante sur le plan conceptuel. Elle consiste à proposer à un investisseur de souscrire à une ou plusieurs tranches de risque qui sont en fait des tranches de CDS (on est toujours dans une logique et un savoir-faire de structuration) sur une liste de contreparties, que sont en général les grandes entreprises notées par les agences de notation. On laisse à l'investisseur le choix de la liste des contreparties, qui peuvent être plusieurs centaines (ou même milliers de noms) ainsi que, bien évidement, le choix de la tranche de risque. Le savoir-faire de la banque consiste alors à se retourner sur le marché pour ne conserver qu'un minimum de risque. Mais chacun sait qu'une couverture n'est jamais parfaite, et qu'il faut donc intervenir en permanence sur le *book* ainsi constitué. L'intérêt de ce type de produit, qui intéresse surtout les *asset managers*, est de disposer exactement du couple rendement/risque que l'on souhaite. Ce qui serait difficile à obtenir autrement, sauf à mobiliser des capitaux très importants.

Le dérèglement du système est venu de la montée de l'incertitude qui a entraîné une hausse brutale des « spreads » qui expriment le prix du risque. Cette hausse a été générale et a touché indistinctement toutes les contreparties, indépendamment de leur niveau de risque intrinsèque. Les entreprises que l'on retrouve habituellement dans ces portefeuilles ont vu leurs « spreads » de crédit passer brutalement de 40 à 200 points de base environ. Le modèle de risque était également fondé sur une analyse de corrélation et le choix des noms, c'est-à-dire des contreparties, était fait en sorte que les risques ne soient pas corrélés (ou si l'on préfère qu'ils n'aillent pas dans le même sens, comme par exemple un risque sur l'énergie et un autre sur l'agro-alimentaire). Ce modèle s'est avéré défaillant, puisque l'incertitude a conduit le marché à considérer que toutes les contreparties pouvaient être en défaut en même temps. Le paramètre de corrélation s'est ainsi établi à certaines périodes à un niveau de 100 %, ce qui signifie que le défaut d'une contrepartie entraîne de façon quasi automatique le défaut de toutes les autres. Cela peut, en se référant à l'état de l'économie, être à juste titre considéré comme parfaitement absurde. Comme les banques n'étaient pas complètement couvertes, elles se sont retrouvées avec des *mark-to-markets* négatifs, qui viennent en diminution du produit net bancaire. Cette situation complètement atypique a donné lieu à des positions très instables et donc très complexes à gérer. Par ailleurs, la baisse de la liquidité, engendrée par le déséquilibre du marché, a provoqué un renchérissement des prix des protections qui a pu rendre impossible leur achat.

On comprend, au travers de ces deux exemples qui sont des situations extrêmes, que les évaluations de risque n'ont pas pris en compte le risque frontière. Ceci explique aussi que le risque systémique ait été largement sous-évalué.

6. Une crise de la sous-évaluation du risque systémique

Christian Noyer, gouverneur de la Banque de France, a considéré, dans une récente publication que « le risque systémique est LE risque que la régulation financière n'a pas réussi à prendre en compte [20] ». En outre, ce risque est difficile à évaluer. « Il n'existe pour l'instant aucune mesure claire, largement acceptée, du risque systémique si tant est qu'il soit possible de mesurer ce risque [21]. »

20. Christian Noyer, « Quelle régulation financière pour l'après-crise ? », *Revue de la Stabilité financière,* n° 13, Banque de France, septembre 2009, p. II.

21. Christian Noyer, *op. cit.*, *p.* II.

« Malgré cela, ce risque doit désormais être mieux géré qu'il n'a pu l'être jusqu'ici. L'entreprise est délicate, pleine d'incertitude. Mais l'absence d'action serait impardonnable [22] ».

Cette gestion s'effectue en combinant approche macro-prudentielle et micro-prudentielle et en prenant en compte les éléments suivants issus de la recherche de la Banque des Règlements Internationaux [23].

Présentation comparée des perspectives macro-prudentielles et micro-prudentielle

	Perspective macro-prudentielle	Perspective micro-prudentielle
Objectif immédiat	Limiter la crise financière systémique	Limiter les difficultés individuelles des institutions
Objectif final	Éviter les coûts en termes de PIB	Protéger le consommateur (investisseur/déposant)
Caractérisation du risque	Considéré comme étant dépendant du comportement collectif (« endogène »)	Considéré comme étant indépendant du comportement des individus (« exogène »)
Corrélations entre les institutions et expositions communes	Importantes	Sans objet
Calibrage des contrôles prudentiels	En termes de risque systémique : du haut vers le bas (*top-down*)	En termes de risques propres à chaque institution : du bas vers le haut (*bottom-up*)

Source : Borio, 2003 (voir la bibliographie).

« Dans une perspective macro-prudentielle, c'est le degré de diversification ou de concentration du risque, non pas au niveau de chaque institution financière

22. Jean-Paul Betbèze, « Mais toutes les banques ne peuvent pas mourir, pour la bonne raison que les banques ne doivent pas mourir. Cet impératif n'est pas du domaine de la morale mais de l'économie », *La crise, une chance pour la France ?*, *op. cit.*, p. 75.

23. Claudio Borio, « L'approche macro-prudentielle appliquée à la régulation et à la surveillance financières », *Revue de la Stabilité financière,* n° 13, Banque de France, septembre 2009, p. 37.

mais au niveau de l'ensemble du système, qui est essentiel. Par conséquent, ce qui importe ce sont les expositions communes (corrélées) entre les institutions financières. »
« Une approche macro-prudentielle considère le risque agrégé en tant que dépendant du comportement collectif des institutions. Collectivement les institutions financières peuvent influer sur les prix des actifs financiers, les quantités traitées (empruntées ou prêtées) et donc sur la dynamique de l'économie elle-même [24]. »

La difficulté indéniable de l'exercice peut conduire les régulateurs à traiter majoritairement le risque systémique par la voie micro-prudentielle. Pour ce faire, la Banque des Règlements Internationaux envisage un niveau d'exigence de fonds propres supplémentaires pour les établissements qualifiés de systémiques. La première question qui se pose alors est le choix des critères de qualification et la désignation de l'autorité en charge de décider si un établissement présente ou non un risque systémique.

Ceci fait, il y a lieu de définir la contribution additionnelle en capital. Deux critères semblent, à ce stade, être privilégiés. Le premier est la taille de l'établissement. Au-delà d'un certain seuil (à définir), il y aurait une contribution exprimée en pourcentage du bilan et ce pourcentage aurait vocation à être dégressif. Tant que l'on en reste au niveau des principes, la démarche paraît logique et simple. La complexité apparaît au niveau de la mise en œuvre, lorsqu'il faut définir et harmoniser les bases de calcul et justifier les pourcentages.

Le second critère est celui de la « connexion au système » [25] ou encore de la contribution de la banque au risque systémique. Une première idée qui vient à l'esprit est qu'une banque diversifiée contribue moins à ce risque qu'une banque spécialisée. Mais les caractéristiques de cette diversification sont essentielles. En effet, si la diversification est réalisée à l'identique par toutes les banques, le risque macro-prudentiel se trouve, de fait, renforcé, alors que c'est le contraire qui est perçu au niveau micro-prudentiel.

24. Claudio Borio, *op. cit.*, p. 37-38.

25. Ces sujets préoccupent les grandes banques. Ainsi, Joseph Ackermann, actuel président de l'Institute of International Finance et CEO de Deutsche Bank, écrivait dans un article publié par le *Financial Times* du 30.07.2009 : « *Ce que nous avons besoin de rechercher, ce ne sont pas les limites de la taille des banques mais les mécanismes propres à réduire l'interconnectivité (interconnectiveness)* ».

Autre élément à prendre en compte : la complexité des groupes, notamment lorsqu'ils sont de taille importante. La référence en la matière est Citigroup. On perçoit que les régulateurs s'interrogent sur le degré de maîtrise de l'équipe dirigeante lorsque l'organisation est trop complexe en raison, notamment, de la grande diversité des activités. Mais le souhait de clarifier les organisations et donc de limiter les risques peut aller très loin et sans doute trop loin. Ainsi, l'OCDE va jusqu'à proposer un modèle de structuration des groupes bâti de telle sorte qu'une défaillance des filiales métiers ne puisse déstabiliser le groupe [26].

On observe, au terme de cette courte présentation, que la mesure et la gestion du risque systémique dont on a pris conscience de façon beaucoup plus aiguë depuis la dernière crise est un sujet encore mal maîtrisé.

Mais si le risque bancaire a été sous-évalué, si le risque systémique a été aussi peu anticipé, c'est fondamentalement parce que le risque de marché est difficile à appréhender.

7. Une crise de la sous-évaluation du risque de marché

Les mécanismes ont été décrits aussi bien au niveau des banques qu'au niveau du système financier. Il n'est donc pas utile d'y revenir. En revanche, il faut mettre en évidence deux points qui nous paraissent fondamentaux.

Le premier est que, d'une part, il y a un risque systémique de marché qui tient au fait qu'à un moment donné tous les acteurs vont dans le même sens, adoptent le même comportement et que, d'autre part, le changement brusque d'attitude, la rupture, est difficilement prévisible, même si elle peut être anticipée.

Les chercheurs qui se sont intéressés aux comportements financiers ont clairement mis en évidence ces phénomènes. A. Orléan rappelle, en suivant Keynes, à juste titre que « si le prix du marché possède le statut d'une valeur de référence, ce n'est pas en vertu de sa capacité supposée à estimer correctement les données économiques, c'est parce qu'il exprime l'opinion majoritaire

26. *The Financial crisis – Reform and exit strategies,* OECD, 2009, p. 21 et p. 57-65.

de la communauté financière [27] ». Il suffit, dès lors, que l'opinion majoritaire bascule brutalement après une période de montée du prix des actifs un peu soutenue pour que le premier signal de la crise apparaisse.

Il y a donc une dimension psychologique et sociale dans le risque de marché dont il faut tenir compte. L'incertitude peut être réduite, elle ne peut être effacée ; cela justifie que le niveau d'exigence de fonds propre associé à ces activités soit différent de celui des autres acteurs et aussi plus élevé.

Le second point est qu'il est erroné de croire que la seule régulation des banques règle le problème du risque systémique de marché [28]. Certes, les banques jouent un rôle majeur de façon directe lorsqu'elles interviennent en compte propre et de façon indirecte lorsqu'elles apportent des financements aux acteurs de marché leur permettant ainsi de bénéficier de l'effet de levier. Pour autant, si la régulation ne s'étend pas à l'ensemble des acteurs de marché, elle perdra beaucoup de son efficacité.
C'est pourquoi le régime appliqué aux *hedge funds* est important. Non pas qu'ils aient été les responsables directs, les initiateurs de la crise, mais par leur rôle de révélateur des défaillances des acteurs et de la perméabilité des systèmes. Si du point de vue micro-prudentiel, leur utilité est manifeste, du point de vue macro-prudentiel, ils peuvent être des déstabilisateurs actifs.

Ainsi l'organisation de la régulation, dont on a vu toutes les limites au cours de la crise, revêt-elle une importance cruciale.

8. Une crise de la régulation

On comprend que les défaillances du système de régulation n'aient pas été relevées en pleine période de crise. Il n'y avait pas lieu d'aggraver la perte de confiance déjà manifeste dans l'opinion en remettant en cause le comportement d'un des tiers de confiance parmi les plus importants. Sans nier la difficulté de l'exercice des métiers de régulation et de supervision, il n'y a pas lieu d'exclure leur action du champ de la critique constructive.

27. André Orléan, *Le pouvoir de la Finance*, Odile Jacob Éditeur, Paris, avril 2005, p. 57.

28. Georges Pauget, Supervision Financière : « *C'est une erreur majeure de considérer qu'en régulant mieux le seul système bancaire, tout sera réglé* ». *Banque & Stratégie*, n° 273, septembre 2009, p. 7-9.

Les faiblesses majeures du système actuel sont au nombre de quatre [29] :

- Tous les acteurs de la planète finance sont en premier lieu inégalement impactés par les contraintes de la régulation. Certains sont même complètement hors champ. Ce fut le cas pour les originateurs des crédits *subprimes*, les célèbres courtiers vendeurs de ce type de produits. C'est aussi largement le cas pour les *hedge funds*. Leur seul enregistrement ne peut en effet suffire à orienter leurs comportements.

  Le principe d'une généralisation de la supervision à tous les acteurs de la finance doit être acté. La position récente du Financial Stability Board va dans ce sens. Il est ainsi demandé aux régulateurs de marché (IOSCO) de proposer les types d'informations que les *hedge funds* devront fournir pour permettre aux régulateurs d'apprécier l'importance systémique de chacun des acteurs. Ceci fait, il y aura lieu de définir quel type d'exigences (incluant des exigences en capital) serait nécessaire pour les acteurs qualifiés de systémiques [30]. Ces propositions doivent être présentées au FSB (Financial Stability Board) en février 2010.

- La régulation a aussi pour caractéristique d'être très fragmentée face à une économie et à des marchés mondialisés. Le cas des États-Unis est exemplaire. Quelles relations entre la SEC (Security Exchange Commission) chargée de surveiller les grandes banques d'investissement de Wall Street, le commissaire aux Assurances de l'État de New York qui supervise AIG, les Fonds de Garantie des Dépôts, le contrôleur de la Monnaie et la Banque Fédérale de Réserve américaine ? Chacun de ces acteurs a son domaine de responsabilité, ses règles, son corps de contrôle, ses procédures. Peu de coordination à l'évidence. Même si cela semble absolument nécessaire, une réforme de ce système n'est pas simple à réaliser, ainsi qu'en témoignent les difficultés de l'exécutif américain pour faire voter par le Congrès un renforcement du pouvoir de la Fed et une simplification du système. Une réforme qui n'est certes pas une révolution, mais qui heurte de nombreux « lobbies ».

29. Georges Pauget, Régulation-Supervision : « Quelles perspectives pour l'après-crise ? », *Revue de la Stabilité financière,* n° 13, Banque de France, septembre 2009, p. 125-130.

30. "Financial Stability Board – Overview of progress in implementing the London Summit Recommendations for Strengthening Financial Stability", *Report of the Financial Stability Board to G20 leaders*, 25 septembre 2009, p. 10.

La situation européenne est moins caricaturale, mais elle n'a toutefois rien d'exemplaire. La réforme annoncée en mai-juin 2009 consiste à créer un conseil de stabilité financière et trois collèges de régulateurs disposant de pouvoirs renforcés. Elle marque un progrès, mais l'organisation est tellement complexe, implique un tel nombre d'acteurs que l'on peut s'interroger dès à présent sur l'opérationnalité du dispositif. Quand on mêle diplomatie et gestion financière, le résultat a toutes chances d'être incertain.

- L'hétérogénéité des règles et des pratiques est source de déséquilibres et porteuse de risques en raison des arbitrages réglementaires que de telles différences autorisent. L'hétérogénéité des réglementations est en outre un frein à la concurrence, on s'éloigne ainsi du « level playing field » que les banques européennes appellent de leurs vœux et dont les acteurs américains n'ont pas nécessairement besoin compte tenu de l'importance de leur marché. Même s'il y a des différences suivant les activités financières, les USA représentent en effet souvent près de 50 % du marché mondial.

- Enfin, les systèmes de régulation ont un caractère procyclique désormais établi. Le cas le plus manifeste est celui qui résulte du jeu conjugué des règles prudentielles et des normes comptables, au point que le G20 et la Commission européenne viennent d'acter le principe de provisions anticycliques pour neutraliser un tel effet [31]. De notre point de vue de praticien, il serait plus logique et plus simple de commencer à revoir les normes comptables. Telle ne semble pas être la direction privilégiée. Aussi surprenant que cela puisse paraître, la Commission européenne semble tétanisée devant l'IASB. Un peu de volontarisme politique serait bienvenu. Le communiqué du G20 de Pittsburgh n'apporte pas de réponse satisfaisante sur ce point. Décidément, la planète comptable reste éloignée de la réalité et ne prend pas en compte les insuffisances ou limites que présentent les marchés financiers [32].

31. Council conclusion on pro-cyclicality, Bruxelles, 7 July 2009 : "*The council agrees that the absence of counter-cyclical buffers and the lack of flexibility of the accounting rules is allowing through-the-cycle provisioning have been important factors in the amplification of the financial crisis. The Council underscores the urgency and importance of addressing these issues.*"

32. "Leader's statement – The Pittsburgh Summit", 24-25 September 2009, p. 9, § 14.

Les limites du système actuel repérées, il y a lieu de s'attacher à la reconstruction du dispositif de régulation-supervision. Ceci est bien sûr de la responsabilité première des États et des banques centrales. On peut toutefois dès à présent identifier certains des risques qui devront être pris en compte et gérés par ces acteurs.

Le premier, le plus important, est le risque d'empilement des exigences de fonds propres. Les régulateurs souhaitent plus de capital pour sécuriser les activités de marché, le risque de liquidité, le risque de procyclicité, le risque systémique. Curieusement, l'encadrement de la titrisation n'est pas directement traité, la procyclicité démontrée de cette technique de financement [33] n'est prise en compte que de façon indirecte, au travers du ratio d'endettement (*leverage ratio*) [34]. Cette addition d'exigences peut conduire à de sensibles réallocations de capital entre les activités au sein des grandes banques universelles. Le risque le plus grand nous semble être le fait que, au final, on défavorise la banque commerciale traditionnelle (ou finance intermédiée) au profit de la finance de marché, alors que la finance intermédiée est beaucoup moins procyclique [35]. De plus, il s'est établi un certain équilibre entre les deux types de finance aussi bien dans chacun des pays qu'à l'échelle mondiale et aucun des deux modèles n'a démontré de supériorité avérée dans le financement de l'économie. Aussi ne faudrait-il pas que le mode de financement de l'économie devienne le sous-produit d'une addition de normes sans une prise en compte suffisante de ses conséquences macroéconomiques. Il y a derrière cette reconstruction des normes des choix politiques majeurs et des conséquences lourdes pour la stratégie des groupes bancaires. Il faut donc un processus de choix clair et une mesure d'impact global préalable à toute mise en œuvre.

33. Tobias Adrian et Hyun Song Shin, « Le système bancaire parallèle : implications pour la régulation financière », *Revue de la Stabilité financière,* n° 13, Banque de France, septembre 2009, p. 3.

34. "Financial Stability Board – Report to G20 leaders", 25 September 2009, p. 11-12. Il est simplement mentionné le renforcement des pratiques de marché. À savoir, essentiellement, les informations communiquées de façon à assurer la protection des investisseurs. Il est en outre indiqué que lorsque ce marché redémarrera, des mesures appropriées devront être décidées. On ne saurait être plus explicite.

35. Tobias Adrian et Hyun Song Shin, « Le système bancaire parallèle : implications pour la régulation financière », *Revue de la Stabilité financière,* n° 13, Banque de France, septembre 2009, p. 4.

Le sommet du G20 de Pittsburgh donne le calendrier :

- définition des règles pour fin 2009 ;
- calibrage des ratios et en particulier des exigences de fonds propres avant fin 2010 ;
- mise en œuvre en 2011 et 2012, si la conjoncture le permet [36].

Le second risque est celui qui résulte de la complexification croissante des règles prudentielles. Nul doute que les réunions successives du G20 vont provoquer autant de vagues réglementaires. Si les objectifs ne sont pas discutables, l'addition des modalités commence à devenir redoutable.

Outre les difficultés d'interprétation de ces règles, leur coût dans les entreprises bancaires comme au niveau des organes de contrôle devient significatif. Cette complexité rend aussi plus incertain le pilotage des banques, car certaines dispositions peuvent s'avérer, dans la pratique, contradictoires. La complexité peut en outre réduire l'envie d'entreprendre et, de façon tout aussi négative, favoriser les arbitrages réglementaires. C'est dire si le risque d'éloignement du champ de l'efficacité économique est réel. Gardons-nous d'oublier que le but des activités bancaires est de financer l'économie. Et que le rôle des acteurs de la finance est de prendre des risques que les entreprises non financières ne prendraient pas parce qu'elles n'ont pas la compétence ou la capacité financière de le faire.

Cela signifie qu'il doit toujours y avoir une utilité économique en bout de chaîne et que c'est cette utilité qui doit guider les arbitrages.

Le troisième risque tient au fait que les régulateurs s'attachent à définir des règles prudentielles dans des domaines dans lesquels la connaissance des phénomènes économiques sous-jacents est encore parcellaire. Deux domaines sont concernés : le risque systémique et la liquidité. Dans les deux cas, les objectifs recherchés sont clairs et la démarche parfaitement légitime. La difficulté vient quand on passe du concept à la mesure [37]. L'écart est suffisamment important entre les deux pour que l'on agisse avec prudence et pragmatisme.

36. "Leader's statement – The Pittsburgh Summit", 24-25 September 2009, p. 8 ; "Financial Stability Board – Report to G20 Leaders", 25 September 2009, p. 5-7.

37. Claudio Borio, « L'approche macro-prudentielle appliquée à la régulation et à la surveillance financière », *Revue de la Stabilité financière*, n° 13, Banque de France, septembre 2009, p. 40.

La prise en compte du risque systémique que représente un établissement considéré isolément repose sur le fait qu'« il y a un consensus grandissant autour du principe que les agents dont la défaillance est susceptible de déstabiliser l'ensemble du système financier devraient faire l'objet d'une surveillance et d'une régulation renforcée [38] ». Si la surveillance des établissements présentant un risque systémique peut aller de soi et ne nécessite pas de dispositions particulières, il en va différemment pour la régulation renforcée. Sur quels critères celle-ci doit-elle être fondée ?

Il faut en premier lieu parvenir à évaluer la contribution relative de chaque entité au risque systémique. Ainsi, « le risque d'erreur d'estimation pourrait être encore réduit en classant les institutions dans différentes catégories, comme dans un système de notation [39] ». Cette voie de recherche paraît intéressante à condition que le périmètre des établissements entrant dans l'étude soit représentatif de l'ensemble du système. Il faut pour cela que la notion d'établissement « systémique » soit homogène à l'échelle internationale. C'est une exigence forte en même temps qu'une assurance sur la pertinence de la démarche. Cette observation ne peut en outre être statique. Il y a lieu d'intégrer le facteur temps, c'est-à-dire de prendre en compte le caractère cyclique des activités économiques et financières. La finance anticipe et exagère les phénomènes. Aussi faut-il avoir suffisamment de recul pour fixer des normes. À défaut, le risque de mettre en place une régulation déstabilisante est réel.

Mais même avec des « buffers », c'est-à-dire des exigences supplémentaires de fonds propres, censées réduire le risque systémique, le problème ne peut être considéré comme résolu. En effet, « l'un des aspects cruciaux est la façon dont les établissements réagissent aux signaux : si l'un perçoit un choc négatif et se met à vendre, quelles sont les répercussions sur les principaux paramètres de tout futur modèle de risque systémique ? Ce qui importe pour ces modèles est le risque endogène. De tels modèles sont en cours d'élaboration et font l'objet d'importantes recherches mais ne sont pas encore prêts à être mis en " application " » [40]. Malgré cela, le Financial Stability Board doit remettre au G20

38. Christian Noyer, « Quelle régulation financière pour l'après-crise ? », *Revue de la Stabilité financière,* n° 13, Banque de France, septembre 2009, p. III.

39. Claudio Borio, « L'approche macro-prudentielle appliquée à la régulation et à la surveillance financière », *Revue de la Stabilité financière,* Banque de France, *op. cit.,* p. 41.

40. Jon Danielsson, « Réflexions sur l'efficacité de la régulation financière », *Revue de la Stabilité financière,* n° 13, Banque de France, septembre 2009, p. 63.

un rapport sur des mesures envisageables incluant une supervision renforcée, une exigence additionnelle de capital, de liquidité ou d'autres exigences prudentielles [41]. Le risque d'une « sur-régulation » (*over regulation*) paraît ainsi naître.

Le second exemple concerne la liquidité. Là encore la définition de normes, la mise au point de modèles constituent des exercices délicats, pour ne pas dire incertains. La raison en est simple. La liquidité repose *in fine* sur la confiance que se font les acteurs sur un marché. La perte de confiance peut résulter de données objectives telles que le manque d'informations ou des informations remises en cause, on est alors dans le registre de l'asymétrie d'information.

Mais la réalité est encore plus complexe, car la confiance repose aussi sur une vision partagée et celle-ci peut basculer brutalement sous l'effet de chocs informationnels largement imprévisibles.
Dans ce cas de figure, la régulation peut avoir pour objet ou pour effet de constituer des coussins amortisseurs dont la finalité est de donner un peu de temps aux décideurs – ceux de la banque ou ceux de la banque centrale – pour mettre en œuvre des mesures correctrices.

La modélisation des comportements est l'exercice le plus complexe et le plus aléatoire qui soit. Aussi est-il raisonnable de se fixer une ligne de prudence et de ne pas trop s'aventurer sur le chemin de la sophistication des outils qui peut donner le sentiment d'une fausse sécurité. Après tout, il peut être efficace de laisser un peu d'anxiété chez les décideurs, aux différents niveaux.

L'incertitude inhérente aux limites des outils d'analyse dont on dispose se retrouve au niveau macroéconomique. La crise est aussi une illustration des limites des instruments classiques de politique monétaire.

41. "Leader's statement – The Pittsburgh Summit", 24-25 September 2009, p. 9.

9. Une crise de l'inadaptation des politiques monétaires

L'appréciation des décisions des politiques monétaires des banques centrales est un exercice complexe et délicat. L'analyse des mécanismes de transmission de ces politiques à l'économie réelle reste en effet un sujet de recherches et de controverses. De plus, l'efficacité de ces politiques est aussi un objet de discussion.

Relevons aussi que même si certaines décisions sont cohérentes ou coordonnées, toutes les banques centrales n'ont pas suivi la même politique au cours dix dernières années. Ceci est particulièrement vrai pour la Fed et la BCE. Elles n'ont certes pas le même cadre d'action : la BCE a pour objectif exclusif la maîtrise de l'inflation alors que la Fed a vocation à trouver le meilleur équilibre possible entre inflation et croissance. De plus, ces deux institutions ne sont pas régies par les mêmes systèmes de gouvernance [42] et surtout n'appréhendent pas les problématiques de la même manière, les cultures économiques des USA et de l'Europe ont leurs particularités.

La politique suivie par la Fed nous semble la plus critiquable. La BCE a suivi une politique plus mesurée au cours de l'ensemble de la période. Peu de critiques lui sont adressées, ce qui est juste. Paradoxalement, la politique de la Fed est aussi la plus intéressante car elle a poussé ses choix assez loin et ses décisions au cours du temps témoignent d'un volontarisme certain.

Cette politique peut être qualifiée de radicale, puis d'innovante au moment de la crise, pour être aujourd'hui source d'interrogation. La politique de la Fed à la suite de l'éclatement de la bulle Internet a été manifestement trop accommodante et a contribué à la création, puis au développement de la bulle immobilière à l'origine de la crise des années 2007-2009. La Fed a été ensuite très loin dans ce que l'on appelle aujourd'hui les politiques non conventionnelles ou « quantitative easing ». En période de crise aiguë, lorsque la liquidité vient à manquer, l'action par les taux d'intérêt perd à l'évidence de son sens et seule une approche quantitative se traduisant par l'injection de liquidités dans le marché a du sens. Faut-il pour autant aller jusqu'à un taux zéro qui semble

42. *Éclairages*, Direction des Études Économiques de Crédit Agricole SA, septembre 2009.

favoriser les phénomènes du type « trappe à liquidité » ? Faut-il non seulement se substituer aux banques en reprenant au direct du papier commercial (ce qui peut se justifier par la paralysie du système bancaire) mais aussi racheter des bons du Trésor ? La Fed a été loin, très loin dans le côté non conventionnel de sa politique, au point que l'on se trouve complètement hors des schémas connus et expérimentés. Le risque inflationniste est-il exacerbé ? La réponse ne va pas de soi, elle est conditionnée aux modalités que la banque centrale va choisir d'utiliser pour « reprendre » de la liquidité. Le choix de la programmation des actions dans le temps, le lien avec l'évolution du contexte économique ; autant d'éléments qui vont conditionner l'efficacité de cette politique. La remontée des taux sera bien sûr un signal que les marchés ne manqueront pas d'interpréter. Mais c'est encore l'aspect quantitatif qui, à ce stade du processus, devrait avoir l'impact le plus fort.

Une autre donnée devra être prise en compte. Les choix que vont faire les gouvernements du G20 à partir des propositions des régulateurs seraient importants pour la conduite de la politique monétaire.

Si l'arme des taux est plus incertaine dans ses effets qu'il n'est généralement admis ou commenté, en revanche, le choix du niveau d'exigence de capital fixé aux banques a un effet immédiat sur l'offre de crédit et, par conséquent, sur la politique monétaire. On peut donc considérer que la montée en puissance de cette exigence sera, provisoirement, un redoutable instrument de politique monétaire. Instrument dont les effets macroéconomiques devront être d'autant plus mesurés qu'il y aurait lieu dans le même temps de sortir, de façon progressive, du *quantitative easing*.

La conduite de la politique monétaire devrait donc être d'une redoutable complexité au cours des prochains mois. Cette situation va amener les banques centrales à plus de communication, et donc à plus de pédagogie. Pour les entreprises bancaires, ce sera, pendant un temps, une complexité supplémentaire.

Si l'on ajoute à cela le fait que certaines des hypothèses sur lesquelles reposent les instruments de mesure du risque de marché utilisés par les banques méritent d'être réexaminées, on mesure que la banque de l'après-crise est un ouvrage en construction et que le chemin à suivre est complexe et incertain.

10. Une crise de la théorie financière

Faut-il aller jusqu'à qualifier, comme le font avec beaucoup de pertinence Henri Bourguinat et Éric Briys [43], cette théorie d'arrogante ? Oui, si l'on considère que de nombreux acteurs ont partagé la conviction suivant laquelle le risque était désormais correctement mesuré, avec un degré de confiance élevé. La finance opérationnelle a perdu ses repères traditionnels, elle n'a pas eu conscience de ses limites. Elle s'est anormalement crue sécurisée par l'importance et la croissance de ses résultats.

La chute a été rude. Elle s'est chiffrée en milliards d'euros. Pas question de ne pas revisiter les bases de la théorie. Mais, dans le même temps, les outils construits au cours de la décade écoulée sont là. Pour l'heure il n'y en a pas d'autres. Et même si les théoriciens expliquent qu'il faut désormais quitter l'univers brownien, les modèles de rechange en sont encore au stade du laboratoire. Comme le relève J. Danielson [44] : « Pour le meilleur et pour le pire, il semble que nous soyons condamnés à vivre avec la VaR (*Value-at-Risk*) [45] ». Même si les outils mettront un peu de temps à intégrer les enseignements tirés de la crise, il paraît important pour le praticien et notamment pour les dirigeants de banque d'apprécier les limites des instruments qu'ils vont devoir continuer à utiliser.

Tous les acteurs ont une certaine représentation du marché sur lequel ils interviennent. Cette image plus ou moins nette, étendue, voire consciente, influence leur comportement. Cette vision a vraisemblablement une influence sur le niveau de prise de risque, sa durée et sa quantité.

Pour donner à cette représentation un caractère opératoire, on utilise la technique de la modélisation. C'est à ce niveau que théoriciens et praticiens se rencontrent. Cette modélisation, forme simplifiée de la représentation, repose sur ce que l'on considère être les caractéristiques majeures du phénomène étudié. Ces hypothèses, notons-le, peuvent aussi être contraintes par les outils mathématiques choisis ou disponibles.

43. Henri Bourguinat et Éric Briys, *L'arrogance de la Finance. Comment la théorie financière a produit le krach*, Éditions La Découverte, Paris, janvier 2009.

44. Jon Danielson, « Réflexions sur l'efficacité de la régulation financière », *Revue de la Stabilité financière,* n° 13, Banque de France, septembre 2009, p. 59.

45. Définition de la VaR, voir J.-P. Betbèze et G. Pauget, *Les 100 mots de la banque*, Que sais-je ?, PUF, Paris, juin 2008.

L'essentiel est cependant d'apprécier les caractéristiques de la représentation, puis celles du processus de réduction qui constituent la modélisation, de façon à apprécier les limites de la démarche, donc l'usage que l'on peut faire du modèle et donc du contexte dans lequel il peut être utilisé de façon relativement sécurisée.

Ceci nous amène à relativiser la portée des instruments utilisés. C'est ce qui a fait défaut aux acteurs de la finance dans la période récente. Comme le relève à juste titre Christian Walter [46], « ce sont des modélisations mathématiques simples et fausses, mais préférées à d'autres modèles par les professionnels et les régulateurs pour leur simplicité même qui ont conduit l'ensemble des acteurs financiers de la planète à la débâcle que nous connaissons ».

On trouvera toujours, et *a posteriori* de préférence, les limites techniques ou mathématiques de tel ou tel modèle et le praticien généraliste n'est pas le plus compétent dans ce genre d'exercice. Il est possible en revanche, par une démarche simple mais systématique, de prendre conscience des limites des outils mis à disposition et d'en apprécier les conséquences sur leur usage, et en particulier lors de la définition d'une politique de risque.

Cinq dimensions ou angles de vue peuvent être successivement pris en compte.

La première dimension est relative à l'objet de l'échange. S'agit-il d'un objet matériel ou immatériel ? Si l'on se situe dans le domaine de l'immatériel, le prix est-il entaché ou non d'incertitude ? Ainsi les marchés financiers relèvent-ils de l'immatériel. Le prix d'un actif financier est le résultat d'une double estimation. Celle qui porte sur l'évaluation du revenu attendu aux différentes périodes et celle qui résulte du choix du taux d'actualisation de ces revenus. Si l'on suit la même grille d'analyse pour un produit de consommation courante, on mesure combien l'analyse d'un marché financier est plus complexe et soumise à des incertitudes beaucoup plus grandes.

La seconde dimension se rapporte à l'espace. On peut avoir présente à l'esprit une définition géographique de l'espace. Celle-ci est utile, y compris pour les

46. Christian Walter, sous la direction de Jean-Louis Chambon, « Le virus brownien et la déroute des professionnels de la finance » *in* « Repenser la planète finance – Regards croisés sur la crise financière », *Les Échos*, Eyrolles, Éditions d'Organisation, Paris, avril 2009, p. 89-101.

marchés financiers mais elle est moins pertinente dès lors que ces mêmes marchés sont mondialisés. Une définition plus abstraite de l'espace consiste à préciser s'il est ou non borné. C'est la question classique du périmètre, donc du champ de l'étude et, par voie de conséquence, du choix de ses limites.

La troisième dimension définit le rapport au temps. S'agit-il en particulier du temps calendaire ou du temps des événements. Question importante car, dans le premier cas, on considère que le marché fonctionne en continu et c'est là l'hypothèse la plus fréquemment retenue en finance. Au contraire, si ce sont les événements qui commandent, on considère que le marché fonctionne de façon discontinue. Or c'est bien ce qui se passe dans la réalité. Mais les deux situations sont radicalement différentes. Dans le premier cas, acheteurs et vendeurs ont la certitude de dénouer instantanément leur ordre, tel n'est pas le cas dans la seconde situation. Il faut attendre pour trouver une contrepartie et pendant cette période les conditions de marché peuvent changer. D'où un risque supplémentaire.

La quatrième dimension consiste à apprécier la nature, les caractéristiques des intervenants sur les marchés. Ainsi la théorie financière a-t-elle souvent fait le choix de considérer que seuls les investisseurs finaux (non institutionnels) interviennent. On se situe exclusivement face à des investisseurs individuels avisés. Or, le marché est aujourd'hui essentiellement un marché d'intermédiaires : les investisseurs institutionnels. Leur comportement n'est pas identique à celui d'un investisseur individuel, le profil de risque n'est pas le même, le rendement recherché est nécessairement plus élevé parce qu'il faut bien payer cet intermédiaire.

La cinquième dimension concerne la prise en compte de l'environnement. C'est bien évidemment un élément exogène. Mais précisément quelle est la variable exogène choisie ? C'est-à-dire quelle représentation a-t-on de cet environnement et par quel truchement influence-t-il les principales variables endogènes du modèle ?

On pourrait introduire une autre dimension pour compléter la démarche mais celle-ci est de nature différente. Cela consiste à se poser la question : quelle vision les acteurs de ce marché ont-ils de l'équilibre ? Les économistes donnent à ce terme qui leur est cher un sens précis. Le prix équilibre l'offre et la demande.

Un équilibre stable correspond à l'objectif implicitement recherché. La réalité est bien différente. La forte volatilité des marchés témoigne de leur instabilité et donc du caractère très relatif de leur équilibre.

Une fois ce cheminement fait, on a clairement conscience du fait que les modèles sont représentatifs de situations particulières. Ce qui importe c'est que celles-ci aient la plus grande fréquence possible. La difficulté tient à l'étendue et à la fréquence du hors-champ. On quitte alors le domaine de la mesure du risque, qui est une démarche qui rassure puisqu'on a le sentiment de sécurité que donne tout résultat quantitatif, pour entrer dans le domaine de l'appréciation du risque. Démarche plus incertaine, moins rassurante et qui, de ce fait, a vocation à renforcer la prudence et donc à limiter précisément les volumes exposés.

Les limites des analyses ou des modèles utilisés par les professionnels de la finance au cours des années récentes illustrent la démarche qui vient d'être présentée.

Le modèle CAPM [47] pour lequel William Sharpe a reçu le Nobel d'Économie est la clé de voûte de toute la finance moderne. Son caractère instrumental n'est pas en cause, il s'agit simplement de mieux appréhender ses conditions d'usage [48]. Ce modèle comme tous ceux de la même génération repose sur une vision réductrice du marché : la théorie des marchés efficients [49]. Cette théorie suppose en particulier une diffusion et une compréhension parfaite et instantanée de toutes les informations pour tous les acteurs. L'exigence est force. Mais on peut toutefois admettre que, dans un environnement économique stable, peu d'informations pertinentes échappent aux principaux acteurs du marché. Il n'y a pas de respect strict des hypothèses de la théorie, mais dans la pratique tout se passe comme si ces hypothèses étaient pertinentes. La difficulté tient au fait que tel n'est pas toujours le cas. Un événement

47. Capital Asset Pricing Model. Ce modèle est aussi présenté en France sous le nom de MEDAF, c'est-à-dire « Modèle d'Équilibre des Actifs Financiers ».

48. L'analyse critique du modèle de W. Sharpe est remarquablement présentée dans l'ouvrage de Henri Bourguinat et Éric Briys, *L'arrogance de la finance. Comment la théorie financière a produit le krach*, La Découverte, Paris, janvier 2009. Nous ne présentons ici que les critiques qui retiennent notre attention de praticien.

49. Pour une présentation simplifiée des caractéristiques des marchés financiers, voir Georges Pauget, *Faut-il brûler les banquiers ?*, J.-C. Lattès Éditeur, Paris, novembre 2009, p. 96-112.

majeur, une succession de nouvelles considérées comme mauvaises font brusquement passer le marché du caractère efficient au caractère imparfait au sens de G. Akerlof [50]. C'est-à-dire que le marché devient incapable de hiérarchiser les actifs suivant leur niveau de risque et, dans l'incertitude, fixe le prix dans la pire des situations, c'est-à-dire avec le risque maximum. C'est bien ce qui s'est produit en 2007 ; ce qui peut se reproduire à nouveau.

Une autre limite tient en ce que le CAPM ne prend en compte que les revenus issus des placements financiers, ignorant les autres sources de revenus pourtant largement majoritaires dans la structure du produit intérieur brut [51]. Tout lien avec la macroéconomie est donc exclu. Les risques liés à l'immobilier sont en outre qualifiés de risques d'arrière-plan (*background risks*). Or, ce sont eux qui ont été à l'origine de la dernière crise comme d'autres crises précédentes.

Comme l'indique avec pertinence John H. Cochrane : « Si nous voulons comprendre les marchés, si nous voulons évaluer s'ils sont rationnels ou non, nous ne pouvons plus simplement regarder les prix et les informations. Nous devons examiner si les primes de risque que nous voyons sur les marchés sont correctement reliées aux facteurs macroéconomiques [52]. »

Les hypothèses associées à la théorie de la valorisation des options sont également inadaptées lorsque les marchés sont extrêmement instables ou subissent des chocs exogènes. On peut toujours faire valoir qu'il s'agit là de conditions exceptionnelles. Mais quand l'exception entraîne à la ruine le sujet n'a rien d'anecdotique. Là encore, une claire conscience des limites des outils utilisés renforce la pertinence d'une stratégie de risque.

La théorie de la valorisation des options ne prend en effet pas en compte les mouvements des marchés. Elle ignore aussi les coûts de transactions, ce qui dans la réalité peut s'avérer un facteur limitant dans la gestion des positions.

50. George Akerlof, "The Market for Lemons: Quality Uncertainty and the Market Mechanism", *Quarterly Journal of Economics,* 1970.

51. Henri Bourguinat et Éric Briys, *op. cit.*, p. 128.

52. Henri Bourguinat et Éric Briys, *op. cit.*, p. 109.

Enfin, ce type de modèle repose sur une hypothèse de hasard brownien. Selon C. Walter « quatre hypothèses sont en fait empilées pour parvenir à la représentation brownienne : indépendance, stationnarité, stabilité, normalité ».

Les chercheurs ont ensuite tenté de retirer une ou plusieurs hypothèses pour en arriver à ce que ce ne soit plus la seule amplitude du risque mesuré par la volatilité qui soit prise en compte mais aussi la forme du risque apprécié par la dissymétrie hausses/baisses et la régularité de la trajectoire.

Ces mêmes recherches relativisent la pertinence de la VaR comme instrument de calcul des besoins en fonds propres. La VaR désigne le niveau de perte qui peut être atteint pour une probabilité donnée. Ainsi une VaR 1 jour, 1 million d'euros, 99 %, signifie que l'on a seulement 1 % de chance de perdre 1 million d'euros à l'horizon de 1 jour. Si l'on est dans le 1 %, le niveau de perte est indéterminé et peut être tout à fait considérable. Lorsque l'on quitte les périodes de calme, la structure du risque change puisque le comportement des acteurs entraîne à un mouvement vendeur brutal qui peut être le facteur déclenchant d'une panique. Comme tous les acteurs utilisent des modèles voisins, une sorte de mimétisme est organisé par le modèle et conduit à un risque de système. Pour être paradoxale la situation n'en n'est pas moins réelle. La VaR conduit ainsi de façon curieuse à installer une fausse sécurité et devient un instrument d'harmonisation des comportements. On est loin du but recherché.

Ces exemples ne doivent pas faire l'objet d'un rejet brutal, simpliste et dangereux des outils de mesure du risque dont on dispose. Ils permettent simplement de mieux appréhender le fait que ces outils ont leurs limites, ce qui est nécessaire pour revisiter les politiques de risque des banques.

Chapitre II

Des systèmes bancaires inégalement impactés par la crise

La crise de 2007-2008 est la première crise de la titrisation, des produits dérivés et des produits structurés. L'usage plus ou moins intensif de ces différentes innovations financières permet de comprendre pourquoi et comment une banque a été impactée par la crise. La même analyse peut être faite au niveau du système bancaire d'un pays dont la résilience est directement liée à l'existence et au nombre de maillons bancaires faibles ainsi qu'à l'intensité de leur interdépendance, notamment par l'intermédiaire du marché monétaire et du marché des dérivés.

Les systèmes les plus impactés sont ceux dans lesquels le recours à la titrisation a été le plus développé, notamment lorsque celle-ci incluait des actifs identifiés comme à risque et donc à prix très incertain. Par ailleurs, comme la plupart des banques réalisent environ 50 % de leurs opérations sur leur marché domestique, les caractéristiques de celui-ci jouent un grand rôle dans l'explication de la résistance à la crise.

C'est donc par un croisement entre un critère fondé sur le niveau d'implication dans la titrisation et les nouvelles innovations financières et un critère lié aux spécificités de leur marché national que l'on peut créer une grille d'analyse de l'exposition des différents systèmes bancaires à la crise.

Aussi, après une analyse plus globale de ces systèmes (I), ferons-nous une application au cas particulier du système bancaire français qui figure aujourd'hui dans la crise financière parmi les plus résilients (II).

I. Les systèmes bancaires face à la crise

Il n'y a pas égalité devant la crise. Le dérèglement des systèmes bancaires est, en premier lieu, lié à l'intensité de l'utilisation de la titrisation complété par un usage plus ou moins important de SIV qui permettent de refinancer tous les types de créances ayant des maturités longues avec des ressources à très court terme.

Aussi, pour ce faire, nous sommes-nous livrés à une analyse comparative des systèmes bancaires [1]. Le soutien apporté par les États à leur système bancaire tant en volume qu'au regard de ses caractéristiques donne une bonne indication de l'impact de la crise et, indirectement, de la caractéristique des modèles.

Typologie et montant des interventions publiques dans les principaux pays et dans l'ensemble de l'Union européenne

(Estimation des interventions effectives d'octobre 2008 à fin mars 2009)

	Injections de capital		Soutien du passif		Soutien de l'actif		Total	
	(en Mds€)	(en % du PIB)	(en Mds€)	(en % du PIB)	(en Mds€)	(en % du PIB)	(en Mds€)	(en % du PIB)
Allemagne	38	1,5	124	4,8			162	6,3
Autriche	2	0,7	24	8,2			26	8,9
Belgique	15	4,1	91	25,4	21	5,8	126	35,3
Espagne			32	2,8			32	2,8
France	11	0,5	96	4,9	4	0,2	111	5,6
Irlande			376	202,0			376	202,0
Pays-Bas	14	2,3	18	2,9	29	4,7	60	9,9
Royaume-Uni	60	3,2	308	16,3	530	28,1	898	47,6
Total UE	**147**	**1,1**	**1 106**	**8,6**	**585**	**4,5**	**1 837**	**14,2**

Source : Rapport Annuel de la Banque de France 2008, p. 34.

1. Cette étude a été réalisée à partir des éléments statistiques fournis par la Direction des Études Économiques de Crédit Agricole SA.

Une analyse multi-critères permet de mettre en évidence le lien entre intensité de la crise et niveau d'endettement de l'économie, traduisant ainsi l'exposition du système bancaire.
Cette analyse est corroborée par une étude récente de la Banque Centrale Européenne [2] qui met en évidence qu'une croissance des crédits en décalage par rapport aux variables économiques constitue un bon indicateur de prévision de crise.

Les ratios Crédit/PIB des États-Unis et du Royaume-Uni se détachent nettement. En revanche, le niveau de concentration des différents systèmes n'apparaît pas comme une variable discriminante.

Éléments de comparaisons de quelques systèmes bancaires

	Crédit/PIB 2008 (1)	Niveau de concentration (2)	FP/Actifs (3) (4)	ROE (3)	ROA (3)	Indicateur d'internationalisation (5)
US	189,6 %	58 %	10,2 %	0,79 %	0,08 %	–
UK	211 %	40,7 %	2,6 %	- 4,7 %	- 0,1 %	+++
Allemagne	107,8 %	22,0 %	1,8 %	- 9,0 %	- 0,15 %	+
France	107,9 %	51,8 %	2,7 %	1,9 %	0,2 %	++
Espagne	201,4 %	41,0 %	5,4 %	17,3 %	0,9 %	++
Japon	100,6 %	53,0 %	*6,6 %*	*11,4 %*	*0,73 %*	–

(1) Crédit au secteur privé, source FMI IFS.
(2) Poids dans les actifs totaux des 5 premiers établissements en 2007. *Source* : BCE sur base non consolidée pour UK, Allemagne France et Espagne. France : environ 80 % sur base consolidée. Sous-estimation forte au UK du fait de la place de la City + consolidations récentes (LBG...), sur base consolidée la concentration UK est élevée. *Source* : FDIC et établissements pour US. Japon : top 6, source établissements et Banque du Japon.
(3) 2008 sauf Japon (2007). US. *Source* : FDIC. UK : 5 premières banques. Allemagne : Deutsche Bk, Cmz, PostBk. France : 8 ppx groupes. Espagne : BBVA+Santander+Popular. Japon : MUFJ, Sumitomo Mitsui, Mizuho, Resona.
(4) Écarts importants dus notamment aux différences de normes comptables (IFRS, US GAAP...).
(5) UK : HSBC, Standard, Barclays... US : peu de banques internationales sauf en BFI (profondeur et éclatement du marché domestique). Allemagne : peu d'implantations mais forte activité transnationale. Espagne : BBVA et Santander essentiellement.

Source : Direction des Études Économiques Crédit Agricole SA.

2. Lucia Alessi et Carsten Detken, "Global Liquidity as an early warning indicator for asset price boom/bust cycles", *Research Bulletin*, n° 8, European Central Bank, March 2009, p. 7-9.

Le niveau des fonds propres réels est aussi un critère majeur. Les différences de méthode rendent malheureusement les comparaisons internationales non pertinentes. Il est cependant utile de savoir, que selon un banquier impliqué dans l'opération, la FSA, le régulateur britannique, a autorisé le rapprochement ABN-AMRO-RBS alors que RBS n'avait un *ratio core Tier one* que de 1,8 % en norme continentale.

Méthode

ROE par pays – principales banques et total système bancaire					
France	**2004**	**2005**	**2006**	**2007**	**2008**
CA+SG+BNPP+CM+CE+BP+1/3*Natixis	13,5	15,0	15,7	9,3	3,5
Système bancaire (FMI et CB)	10,6	11,8	15,5	9,8	-1,0
Espagne	**2004**	**2005**	**2006**	**2007**	**2008**
Santander+BBVA+Popular	21,7	23,0	23,9	23,6	17,5
Système bancaire (FMI)	14,1	16,9	19,9	19,7	16,8
Allemagne	**2004**	**2005**	**2006**	**2007**	**2008**
DeutscheBk+Commerz+Postbk+Dresdner	6,7	13,1	15,9	15,4	-18,0
Système bancaire (FMI)	1,9	9,2	7,5	4,7	
UK (avant impôts)	**2004**	**2005**	**2006**	**2007**	**2008**
HSBC+Lloyds+Stanchart+RBS+Barclays	18,4	17,9	16,5	17,1	-7,5
Système bancaire (FMI)	10,9	11,8	8,9	6,2	
US	**2004**	**2005**	**2006**	**2007**	**2008**
Citi+BofA+JPMC+WellsFargo+GS+MS	15,1	17,0	17,7	10,5	-3,3
Système bancaire (FMI)	13,2	12,7	12,3	7,8	3,3
Japon (année fiscale fin mars)	**F2004**	**F2005**	**F2006**	**F2007**	**F2008**
Système bancaire (FMI)	4,1	11,3	8,5	6,1	1,5

Sources : Établissements, FMI – *Global Financial Stability Report.*

Les ROE des pays sont examinés suivant deux méthodes :

- ROE moyen des principaux groupes bancaires consolidés d'après leur communication financière.
- ROE du système bancaire fourni par le FMI, qui correspond généralement aux données des banques centrales ; pour la France, par exemple, il s'agit des données cumulées des établissements de crédit sur base sociale donc hors opérations des filiales implantées à l'étranger.
- Une prudence dans la comparaison des niveaux de ROE s'impose en raison des écarts de normes en vigueur.

Si l'on ne se borne pas à une analyse statique et si l'on examine la rentabilité des systèmes suivant les pays, il ressort que les banques françaises ont une rentabilité de l'ordre de 15 %, comparable à celle des banques cotées allemandes ou britanniques et un peu inférieure à celles des mêmes banques aux US. Les différences sont en revanche beaucoup plus nettes si l'on considère non plus les entités cotées mais cette fois l'ensemble du système bancaire. Alors qu'il n'y a que très peu d'écart en France, celui-ci est significatif en Allemagne en raison de la sous-performance des *landesbanken* et, globalement, de la très faible rentabilité de la banque de détail dans ce pays.

La rentabilité globale du système britannique est plus surprenante. Elle s'explique par la situation des établissements spécialisés.

Aux USA, l'éparpillement du système et sa fragilité, aujourd'hui manifeste mais antérieure à la crise, sont l'explication des faibles résultats observés.

L'analyse détaillée met en évidence des modèles propres à chaque pays, malgré des facteurs de convergence.

Espagne

Les deux grands groupes espagnols ont extériorisé ces dernières années un niveau de rentabilité élevé. Ils ont bénéficié du rattrapage économique de l'Espagne, de marges élevées dans les pays d'Amérique latine, d'une politique de gestion de participations et d'acquisitions efficace ainsi que d'une très bonne maîtrise des coûts. Leur plus grande résistance dans la crise s'explique par le faible poids de l'activité de BFI (réglementation prudente également concernant les SIV...), mais le provisionnement contra-cyclique imposé par la Banque d'Espagne ne fait probablement que retarder l'impact du dégonflement de la bulle immobilière. Les autres banques (Caisses d'Épargne) sont moins rentables, elles sont positionnées sur le marché domestique et ont cherché agressivement des parts de marché sur ce segment immobilier. Aujourd'hui le système bancaire espagnol est touché de plein fouet par la montée rapide des créances douteuses et l'on peut s'attendre à un mouvement de consolidation significatif entre les Caisses d'Épargne, voire entre banques moyennes.

Allemagne

On constate une différence nette entre les plus grandes banques allemandes, qui ont dégagé des rentabilités honorables en haut de cycle en 2006-2007, et le reste du système bancaire.

La fragmentation persistante du système bancaire pèse toujours sur les marges, conduisant systématiquement certains acteurs à aller chercher des relais de croissance à l'extérieur sur des marchés qu'ils ne maîtrisent pas, les *Landesbanken* publiques et Dresdner Bank étant les plus exposées (structures de crédit, investissements hasardeux dans l'immobilier commercial étranger, Pays de l'Est...). L'exposition aux PME locales sera également un facteur de discrimination.

Les contraintes politiques demeurent un frein à une consolidation rapide entre les trois piliers du système bancaire et retardent son assainissement.

Royaume-Uni

Pourtant historiquement très rentables sur un marché *retail* oligopolistique (Big 5), certaines banques anglaises ont été amenées à prendre des risques excessifs ces dernières années, pour plusieurs raisons : concurrence croissante sur le marché immobilier, d'où une bulle immobilière plus importante qu'ailleurs (modèle *loan-to-value*), recours excessif aux innovations et à la titrisation (leviers, risques de liquidité), croissance externe ou organique trop rapide (RBS)... La concurrence entre la City et Wall Street semble un élément d'explication de l'inefficacité du modèle de supervision, au-delà du modèle tripartite (Trésor, FSA, Banque d'Angleterre).

États-Unis

La rentabilité historiquement élevée des grands acteurs du système bancaire (marges d'intermédiation importantes notamment, maîtrise des coûts) n'a pas permis d'éviter l'emballement du modèle origination – structuration – distribution au centre duquel se sont retrouvés les États-Unis : des défaillances et une myopie à tous les niveaux...

Japon

La faible rentabilité du système bancaire japonais traduit la difficulté du pays à sortir définitivement de la décennie perdue (tergiversations et incomplétude de l'assainissement du système bancaire...). La crise actuelle frappe à nouveau de plein fouet le système bancaire malgré une exposition directe aux *subprimes* relativement faible (effondrement de la croissance économique, portefeuilles actions...). À la différence peut-être des grandes banques américaines aujourd'hui, les géants bancaires japonais semblent toujours fragiles.

II. La spécificité du modèle bancaire français [3]

Le modèle des banques européennes est souvent qualifié d'universel. Cette dénomination permet de caractériser les banques qui associent banque de dépôts et banques d'investissement. C'est donc le modèle opposé à celui imposé en son temps par le Glass Steagall Act qui faisait une stricte séparation entre ces deux activités pour protéger les déposants des risques pris dans la banque d'investissement. Ce modèle de « séparation » revient dans l'actualité post-crise sous la pression des Britanniques qui trouvent là l'occasion de restaurer plus rapidement leur propre système et d'encourager au développement des banques d'investissement de la City. Quelques universitaires assurent aussi la promotion d'un tel modèle, considérant que la banque de dépôts est une véritable « public utility » et qu'il y a donc lieu de l'isoler des autres activités.

Outre le fait qu'une telle orientation fragiliserait les banques françaises et réduirait leur rayonnement international, un tel choix ignore la « résilience » des banques françaises en période de crise, de même que la valeur ajoutée créée en « croisant » des activités complémentaires. La banque universelle est donc une banque qui a des activités diverses. Mais, au-delà de ce point commun, chaque groupe bancaire français a développé un portefeuille d'activités qui lui est propre. Si on trouve souvent les mêmes activités, le poids relatif de chacune dans l'ensemble est différent, de même que la façon dont ces activités sont agencées dans l'organisation de chaque groupe, ce qui représente au final des modèles économiques plus différenciés qu'il n'y paraît en première analyse.

Au-delà de ces différences, recherchons les points communs qui caractérisent le modèle français et sa bonne résistance à la crise.

3. Une synthèse de ce développement a été publiée dans la revue *The Banker* sous le titre : "Banks: Is there a French model ? ", janvier 2009. Cette analyse a été complétée par une présentation lors de la conférence *Retail Banking in Europe*, Londres, 30-31 mars 2009, "Back to basis: the shape of the European Banking Model".

Les principaux groupes bancaires français présentent, en effet, les traits caractéristiques suivants :

- Première caractéristique : le poids de la banque de détail dans leur produit net bancaire ou leur résultat est sensiblement supérieur à la moyenne mondiale qui serait de 57 % selon une étude du Boston Consulting Group.

  Certes, d'autres groupes européens – espagnols ou italiens – peuvent sembler plus orientés *retail* que les banques françaises mais leur modèle est moins diversifié, plus simple en termes d'organisation ou de management, et donc souvent mieux valorisé par les marchés.

  Mais il y a une différence en termes de profil de risque et donc une sensibilité aux différents types de conjoncture économique très différente. La banque française peut en effet – sans doute mieux que d'autres – capter les opportunités qui se présentent sur un grand nombre de marchés et, ce faisant, avoir des résultats qui captent mieux la conjoncture financière.

- Deuxième caractéristique : la banque française a développé, plus que d'autres, des compétences distinctives en matière d'*asset management*, d'assurance et de crédit à la consommation. C'est sans doute à ce niveau que se situe la compétence distinctive du modèle français. Les banques ont, du fait d'une réglementation plus contraignante que la moyenne européenne au niveau des produits, des tarifs mais également en matière sociale, intégré, chaque fois que possible, les nouvelles activités en phase de croissance. Ceci pour mieux absorber leurs coûts de distribution qui étaient totalement rigides. La seule voie de développement possible dans ce contexte était la croissance quantitative. D'où le choix de la diversification.

  Cette compétence distinctive repose en premier lieu sur une très bonne maîtrise de chacun des métiers qui est visible au travers des performances et des niveaux dans les classements internationaux de chacune des sociétés spécialisées.

  Mais cette compétence vient aussi et peut-être surtout du fait que la commercialisation par les réseaux de banque de détail, à l'origine de ces compagnies, a transformé le modèle. Au sein de chacun des Groupes un mode de relation profond, rigoureux et de longue période s'est construit entre producteur et distributeurs et a permis une adaptation des produits et une amélioration des conditions de mise en marché.

En outre, la contribution des réseaux « propriétaires » constitue un amortisseur et donne donc au modèle plus de stabilité en période de ralentissement. Dans les périodes de développement, ces activités assurent le financement de la croissance du groupe, suivant en cela la tendance du marché. Si le réseau apporte plus de 60 % de l'activité considérée (ce qui est fréquent), la sécurisation du modèle est tout à fait réelle.

Les approches choisies par les différents groupes français sont très proches dans le domaine de l'*asset management*, mais en revanche plus différenciées pour le crédit à la consommation et surtout l'assurance.

Les banques ont su profiter de l'explosion de la commercialisation des fonds monétaires qui ont bénéficié, pendant un temps, d'une fiscalité favorable. Cela a permis à l'industrie de l'*asset management* de se construire dès le début des années 1980.

Les réseaux se sont donc progressivement familiarisés avec ce type de produits, les échanges entre directions de réseaux et *asset managers* se sont intensifiés. Les directions des groupes ont encouragé ce mouvement qui correspondait à une réelle demande des clients, qui permettait aussi de rentabiliser des réseaux et évitait, comme dans d'autres pays, l'émergence de réseaux spécialisés concurrents.

Il en est résulté une position de premier plan en Europe de l'industrie française de la gestion collective. Le savoir-faire des sociétés de gestion françaises sur les produits de taux est internationalement reconnu. Ceci a permis le développement, dans une étape ultérieure, des fonds garantis qui s'appuient aussi sur les savoir-faire développés dans le domaine des dérivés, autre spécialité reconnue de la Place de Paris.

Les groupes français ont eu des démarches plus différenciées dans le domaine du crédit à la consommation. Cela tient sans doute à leurs histoires et à leurs cultures respectives.

Les réseaux de banque de détail apportent en effet une contribution inégale : forte dans les organisations centralisées comme BNPP, Société Générale, ou LCL ; elle est moins marquée dans les réseaux décentralisés comme le Crédit Agricole, le Crédit Mutuel ou les Banques Populaires. Cette activité est en effet considérée par certaines banques régionales comme faisant partie de leur cœur de métier et elles hésitent donc à le sous-traiter en tout ou partie. Sous l'effet de la concurrence et pour assurer une meilleure maîtrise du risque, la tendance est toutefois à un transfert de ces activités chez des acteurs spécialisés qui sont en outre les leaders européens : BNPP et Crédit Agricole occupent en effet une position de co-leaders sur ces marchés.

La voie suivie dans le développement de l'assurance au sein de la banque est aussi différente suivant les groupes. Les deux leaders de la bancassurance que sont le Crédit Mutuel et le Crédit Agricole ont suivi la même voie : création *ex nihilo* d'une compagnie de façon à assurer une parfaite adéquation entre les produits assurance, les attentes des clients et les savoir-faire de distribution de la banque.

Sous l'effet de l'explosion du marché de l'assurance-vie, puis de la pleine réussite du lancement de l'assurance dommages, le Crédit Agricole peut ainsi occuper la place de n° 3 de l'assurance en France.

Si toutes les banques n'ont pas manifesté le même dynamisme dans le domaine de l'assurance-vie, elles se sont toutes impliquées dans cette activité et parfois, après une période d'observation, elles se sont dotées de leur propre compagnie.

Les positions sont encore plus tranchées dans le domaine de l'assurance dommages. Les banques coopératives ont confirmé le choix fait dans l'assurance-vie et ont lancé leur propre filiale. Les autres grandes banques ont, le plus souvent, fait le choix d'un partenariat avec un assureur.

Là encore l'histoire des entreprises a joué un rôle. En Alsace, berceau du

Crédit Mutuel, banque et assurance ont été étroitement associées. La séparation a été imposée par la réglementation. Aussi un retour sur ce métier était-il logique. De même, pour le Crédit Agricole, le lien avec les assurances agricoles de l'époque, aujourd'hui Groupama, était étroit. Et c'est parce que les deux groupes agricoles n'ont pas réussi à définir une stratégie commune que le Crédit Agricole s'est lancé dans l'assurance.
Le modèle intégré paraît le plus efficace, sans doute parce que plus proche des réseaux et organisant mieux le transfert des savoir-faire respectifs des banquiers et des assureurs.

Ces expériences ont connu des extensions internationales par l'intermédiaire de Cardif pour BNPP et de Crédit Agricole Assurances pour le Crédit Agricole.

Le transfert d'expérience est manifeste dans le domaine de l'assurance emprunteurs, comme dans celui de l'assurance-vie, il est en train de se confirmer dans l'assurance dommages du fait, par exemple, de l'action du Crédit Agricole au Portugal et en Italie.

- La troisième caractéristique du modèle de banque universelle telle que développée en France est le fait de disposer de banques de financement et d'investissement de taille internationale. Or, celles-ci semblent avoir mieux résisté que d'autres à la crise financière.

Bien que les grandes banques françaises figurent parmi les dix premières dans un très grand nombre de classements internationaux, le choc de la crise financière a été moins marqué que pour d'autres acteurs même si le montant des dépréciations a pu, sur telle ou telle activité, être important. La résistance du modèle tient à deux facteurs : une assez grande diversification des activités et des savoir-faire bien identifiés dans certains domaines. Une bonne maîtrise d'un métier ne préserve pas de façon absolue, comme on l'a vu, un établissement des conséquences d'une crise que chacun juge sans précédent. Mais les effets en ont été atténués et surtout les conséquences plus vite tirées.

Le poids de la BFI par rapport à l'ensemble des autres activités est de l'ordre de 30 % pour les principaux groupes. Souvent, la banque de financement occupe une position assez forte dans cet ensemble ; ce qui a un effet stabilisant manifeste. Chaque groupe peut avoir ensuite des domaines de spécialités dans les activités de marché mais l'ensemble reste très équilibré, y compris lorsque l'on considère l'origine géographique des réseaux. Il est par ailleurs acquis que le poids des activités pour compte propre est moindre que dans les banques exclusivement dédiées aux activités de marché.

Mais ce modèle, pour équilibré et résistant qu'il soit, doit s'adapter au nouveau paysage bancaire qui sortira de la crise. Un paysage qui sera d'autant plus modifié que les règles prudentielles qui fixent le cadre de l'activité bancaire sont, après les différentes réunions du G20, en train d'être profondément transformées.

Chapitre III

L'après crise : vers un renforcement et une transformation du cadre réglementaire

Le G20 de Londres, puis celui de Pittsburgh ont fixé les principes sur lesquels repose désormais la régulation financière. Les travaux du Conseil de Stabilité Financière, du Comité de Bâle, de la Banque des Règlements Internationaux sont venus compléter et préciser certains d'entre eux. Il faudra encore plusieurs mois avant que les banques disposent des règles détaillées qui seules permettront de prendre des mesures d'impact certaines et donc de prendre des décisions. Ainsi, à l'horizon 2010, la majeure partie de la réglementation bancaire aura été revue. C'est la première fois dans l'histoire de la banque qu'un tel changement est réalisé dans un laps de temps aussi court. Il n'est pas possible aujourd'hui d'apprécier pleinement l'impact des transformations en cours.

On peut toutefois anticiper certaines évolutions et se préparer à les gérer en reprenant les différentes approches qui guident les choix faits en matière de régulation financière et bancaire.

Nous avons isolé quatre approches qui relèvent du domaine micro-prudentiel.

Ces quatre approches sont guidées par la mesure des risques, la prise en compte de la taille des activités ou des bilans, l'intégration de la dimension du temps, et enfin par la sécurité apportée par des systèmes de gouvernance appropriés.

1. La mesure des risques

La nomenclature de ces risques est bien établie : risque de marché, risque de contrepartie, risque de liquidité, risque opérationnel de même que leur classement dans les piliers 1 et 2 de la nomenclature bâloise.

Parmi tous ces risques, c'est la mesure du risque de marché qui pose problème aussi bien, comme nous l'avons indiqué, sur le plan théorique que sur le plan pratique. C'est donc ce domaine qui doit normalement retenir le plus l'attention des régulateurs. Ce qui apparaît troublant à ce stade c'est que ce risque est plus appréhendé de façon indirecte que de façon directe ; c'est-à-dire que la régulation est focalisée plus sur les agents transmetteurs que sur l'origine des déséquilibres ou des dysfonctionnements observés. Nulle objection, au contraire, à ce que l'on encadre les bonus des *traders* en intégrant le coût du capital, celui de la liquidité, les risques, les frais généraux et que l'on appréhende les résultats ainsi calculés sur la longueur du cycle. La démarche est saine. Elle est dans l'intérêt des entreprises bancaires et de l'ensemble des parties prenantes. Elle ne doit cependant pas conduire à une sorte de mise à l'index d'une catégorie de collaborateurs, les *traders*, qui concourent à l'utilité économique des métiers de la banque.

Mais le problème de l'évaluation et de la gestion du risque de marché subsiste après que l'on ait réglé celui de la rémunération variable des opérateurs de marché. Nul besoin non plus de multiplier les gendarmes, il y en a déjà un qui a les pouvoirs de sanction : la Commission Bancaire, qui peut s'appuyer sur le règlement 97-02 et a les compétences et les moyens de réaliser les contrôles.

C'est avec raison que l'accent est mis sur l'importance et la nature des risques pris dans les *trading books*. L'exigence de capital pour ces opérations devrait, selon le FSB, au moins doubler en 2010 [1]. Il serait souhaitable qu'elle s'accompagne d'une refonte des dispositifs de mesures et d'encadrement des risques du marché ; ceux qui ont en effet volé en éclats durant la crise. Ces dispositifs qui ont été fondés au début des années 1990 avec un paramètre central : la « value-at-risk » dont l'objectif est de mesurer la perte potentielle sur une durée de 1 jour (ou 10 jours) résultant des positions de marchés.

1. Financial Stability Board, "Improving Financial Regulation" – *Report of the FSB to G20 leader's*, 25 September 2009, p. 4.

Dans le contexte de la crise, cet instrument de mesure s'est avéré totalement inopérant. Ainsi des établissements dont la VaR à 1 jour était comprise entre 30 et 100 millions d'euros (ou de 100 à 350 millions d'euros si l'on raisonne en VaR à 10 jours) ont enregistré des pertes de plusieurs milliards d'euros.

Les raisons résident dans l'oubli de deux hypothèses clés de ce modèle :

- en premier lieu, il suppose la capacité de l'établissement à retourner les positions dans la durée définie (1 ou 10 jours). Cette hypothèse, déjà quelque peu théorique sur des marchés organisés, s'est avérée en cas de crise violente tout à fait fallacieuse pour les produits « exotiques » échangés sur des marchés OTC qui se sont développés de façon exponentielle à partir du milieu des années 1990, au point de représenter la moitié des revenus des activités de marché ;
- en second lieu, l'absence par construction, de prise en compte de risque extrême du fait de la brièveté de l'historique retenu (1 an).

La crise met ainsi en évidence la nécessité de refondre le dispositif de contrôle prudentiel du risque de marché selon deux axes :

- distinguer clairement les activités relevant de marchés organisés et véritablement liquides, et les activités échangées sur des marchés de gré à gré à faible profondeur ;

- intégrer des hypothèses de *stress-test*.

Les charges de fonds propres devront globalement être réévaluées ; mais cette revalorisation devrait d'abord s'appliquer aux activités exercées sur des marchés OTC, car elles sont génératrices des risques les plus importants aussi bien en termes d'occurrence que d'intensité.

Mais comme indiqué précédemment, la seule régulation des banques ne saurait être suffisante. Aussi devrait-on, dans le même temps s'assurer de la qualité des infrastructures de marché, de la compensation nécessaire des produits dérivés les plus développés [2]. Dans le même ordre d'idée, une régulation

2. Financial Stability Board, *op. cit.*, p. 10.

souple des *hedge funds* est impérative : leur enregistrement, leur transparence de façon à pouvoir apprécier l'usage qui est fait de l'effet de levier et, dans le cas d'entités présentant un risque systémique, une exigence adaptée en matière de capital [3].

Pourquoi ne pas porter l'attention de façon plus déterminée sur l'origine du problème : la titrisation. Ce mécanisme est fondamentalement sain et économiquement utile. C'est une des façons efficaces de financer l'économie. Mais comme tous les mécanismes financiers il peut se dérégler. Un cadre simple serait utile. Il consisterait à responsabiliser les acteurs de la mise en marché en les obligeant à conserver dans leur bilan une partie des actifs. Tel est déjà le cas en Europe où il est fait obligation aux établissements de garder 5 % des actifs titrisés. Les banques, et notamment les banques françaises, s'étaient, en leur temps, opposées à cette mesure moins pour des raisons de principe que parce que cela introduisait une distorsion de concurrence avec les banques d'investissement américaines. Une telle mesure si elle s'appliquait effectivement à l'ensemble des acteurs aurait du sens. On peut toutefois s'attendre à ce que les USA marquent peu d'empressement sur le sujet pour la simple et bonne raison que leurs banques sont les premiers utilisateurs de cette technique.

La deuxième mesure consiste à rendre les produits de titrisation substituables ou partiellement substituables. Il faut pour ce faire les définir, c'est-à-dire fixer un cadre et engager le début d'un processus de normalisation. On perçoit, au travers des dernières publications associées au sommet du G20, que cette préoccupation est désormais présente au sein du Conseil de Stabilité Financière. Cela devrait prendre la forme d'une majoration des pondérations dans les calculs d'actifs pondérés qui constituent le dénominateur des ratios prudentiels. Les « due diligence » préalables à la crise du marché devraient également être renforcées et la nature des contrôles effectués devrait être publiée [4]. De même, l'utilisation de véhicules hors bilan aurait vocation à être communiquée en précisant la nature des garanties apportées par la banque aussi bien dans le domaine du risque qu'en matière de liquidité.

3. Financial Stability Board, "Overview of progress in implementing the London Summit recommendations for strengthening Financial Stability", 25 September 2009, p. 10.

4. Financial Stability Board, "Overview of progress in implementing the London Summit recommendations for strengthening Financial Stability", 25 September 2009, p. 11-12.

La mesure du risque de contrepartie a beaucoup progressé avec la mise en œuvre des modèles d'évaluation requis par Bâle II. Deux limites apparaissent toutefois. La première tient aux caractéristiques de l'historique support des modèles. La période 2000-2007 se caractérise en effet par un niveau de risque faible, en liaison avec la conjoncture économique. Le souhait, au demeurant compréhensible, des superviseurs est de mieux prendre en compte l'impact de la présente crise économique. La limite de cette approche est que l'on se cale trop sur la partie haute du cycle de risque ce qui ferait double emploi avec la mise en place d'un système de provisionnement dynamique. On mesure que, même avec des principes clairs, on peut rencontrer de réelles difficultés d'application liées en particulier à l'usage simultané de plusieurs instruments. La limite est étroite entre sécuriser un système et trop le protéger de telle sorte qu'il devient difficile, voire impossible, d'assurer que l'économie est financée dans des conditions optimales.

La seconde limite tient à l'utilisation qui peut être faite de l'usage. Autant on peut considérer que Bâle II constitue un apport réel à la normalisation des processus d'acceptation des crédits, autant il faut prendre garde à laisser une capacité de décision réelle aux différents acteurs de la chaîne crédit. Le risque existe en effet que le banquier perde à l'usage sa capacité d'analyse, son sens, sa culture du risque. L'ensemble du système s'en trouverait appauvri. Il faut donc militer pour laisser au processus crédit toute sa finesse et, peut-on oser, son humanité.

Le risque de liquidité fait l'objet de nouvelles études et d'une nouvelle réglementation. Là encore la sophistication des outils de mesure, au demeurant utile, ne doit pas conduire à la déresponsabilisation des acteurs. Les *stress-tests* paraissent, en la matière, être l'outil à privilégier de même que la définition, en autres, de plans d'urgence dans l'hypothèse d'une contraction brutale de la liquidité ; les deux démarches étant bien évidemment reliées. Un niveau d'exigence complémentaire de capital n'est pas la réponse adaptée. Les maisons de Wall Street qui ont chuté avaient de bons ratios de fonds propres mais un problème sérieux de structure de refinancement. C'est le niveau et les caractéristiques du risque de transformation qui revêtent un caractère déterminant. C'est donc dans cette voie qu'il faut progresser. Il est préférable d'associer les exigences complémentaires de capital aux autres types de risques.

La deuxième approche, après la mesure du risque, consiste à prendre en compte la taille des activités et des bilans.

2. La prise en compte de la taille des activités et des bilans

Une réponse logique à la difficulté de mesurer le risque est de limiter la taille des activités concernées. Ainsi les politiques de risque n'ont-elles pas suffisamment pris en compte, avant la crise, le notionnel. Une trop grande confiance a alors été accordée aux modèles de mesure du risque. Après un échec, la tentation est grande de renvoyer le balancier dans l'autre sens. Le doute associé aux outils de l'évaluation du risque conduit alors à des dispositions radicales qui relèvent de l'encadrement quantitatif.

À une échelle plus large, la même logique amène à promouvoir le *leverage ratio* (ratio d'endettement) qui est supposé fixer une limite absolue à la prise de risque. Tel n'est cependant pas le cas puisque l'intensité du risque n'est en aucune façon prise en compte. Malgré cela, suivant le communiqué du G20, ce ratio a vocation à être intégré au pilier 1 des règles prudentielles Bâle II. Une telle disposition, si elle était confirmée, présenterait de multiples inconvénients [5]. Elle pourrait, en premier lieu, affecter très négativement le financement de l'économie. Celui-ci dépend du niveau de l'activité économique et non pas du montant du capital des banques. Il y a donc, suivant la conjoncture, un risque de sur ou de sous-financement. Le phénomène pourrait être potentiellement aggravé avec la mise en place d'un provisionnement dynamique. En période de conjoncture haute, les banques ont vocation à se développer, à faire plus de profits et à avoir de ce fait capacité à alimenter le poste des provisions contra-cycliques. S'il y a un ratio d'endettement, cette dynamique sera nécessairement bridée et le provisionnement se fera clairement au détriment des actionnaires. Il se confirme un vrai risque associé à l'empilement des outils.

Un autre exemple de l'approche quantitative est le « too big to fail ». La taille conduit-elle à ce que les banques soient gérées de façon moins prudente puisque, dans ce cas, l'aléa moral ne joue plus ? Cette crainte est explicitement celle du FDIC qui, pour se protéger, imagine des exigences complémentaires en capital pour les établissements importants et propose aussi qu'en cas de faillite les créanciers bancaires ne soient dédommagés qu'à concurrence de 80 %. Là encore cette approche centrée exclusivement sur la dimension trouve très vite ses limites. Comme le relève Mario Draghi, président du Conseil de Stabilité

5. L'OCDE milite d'ailleurs activement en ce sens. *The Financial crisis – Reform and exit strategies*, OECD, 2009, p. 21.

Financière : « Vous avez de très grandes institutions financières qui ne sont pas importantes du point de vue systémique parce qu'elles sont construites sur un réseau de filiales qui ont chacune leur politique de capital et de liquidité. Ou vous avez des institutions plus petites qui sont très importantes du point de vue systémique parce qu'elles sont au centre d'un réseau complexe du "Credit Default Swap" et de *trading* de dérivés [6]. »

L'approche par la taille comme la mesure des risques doivent intégrer la dimension du temps pour s'assurer de la pertinence des outils de régulation tout au long du cycle.

3. La dimension temporelle de la régulation

La crise a rappelé le caractère éminemment cyclique des activités financières en même temps que dans les phases les plus aiguës du cycle, le niveau d'incertitude est tel que l'on se situe dans l'univers perturbant des « queues de risque » (*tail risks*).

Le caractère procyclique tant des règles comptables que des règles prudentielles, de même que le caractère dévastateur de leur jeu conjugué seront simplement mentionnés ici. Le caractère cyclique de la finance a été anormalement renforcé par ces normes. C'est une raison suffisante pour les revisiter et les adapter. Les réponses apportées par le G20 de Pittsburgh sont, en ce domaine, très décevantes. On perçoit même un recul par rapport au sommet de Londres. La *fair value* revient en force. L'une des solutions correctrice proposée est le provisionnement dynamique. Cette technique a été utilisée avec succès par la Banque d'Espagne qui en a dès lors assuré la promotion. La Commission européenne, puis le G20 ont repris à leur compte cette initiative sans, semble-t-il, un examen préalable au fond. Car l'outil aussi séduisant soit-il sur le plan conceptuel n'est pas simple à manier sur le plan opérationnel et peut entraîner à des distorsions de concurrence, y compris au sein de l'Espace économique européen.

---

6. Mario Draghi, déclaration faite à la conférence IIF, 4 octobre, Istanbul et reprise dans l'édition du 5 octobre de *Emerging Markets* : "*You have very large financial institutions that are not systematically important because they are built on a network of subsidiaries, each one with their own liquidity and capital policies. Or you have the small institutions that are very important from a systemic view point because they are at the centre of complex web of CDS and derivatives trading.*"

Pour expliquer les caractéristiques du modèle choisi pour lisser l'offre de crédit dans le temps, la Banque d'Espagne croise les approches micro et macro-économiques [7].

Le crédit est clairement procyclique, il croît plus vite que le PIB dans les périodes d'expansion et plus lentement lors de phases récessives. Ce phénomène est attesté par l'évolution du ratio prêts bancaires/PIB. Il s'explique par des facteurs qui tiennent à la fois à l'offre et à la demande de crédits. Du côté de la demande, on observe qu'il s'agit non seulement de financer les flux associés à la croissance de l'économie réelle mais aussi les acquisitions dont on sait qu'elles sont d'autant plus importantes que les indices boursiers sont élevés. De même, les taux d'intérêt bas conduisent à un accroissement de la demande de crédit, qui elle-même contribue à une hausse des prix de l'immobilier.

La demande de crédit telle qu'observée en Espagne apparaît proche, à bien des égards, de celle décrite aux États-Unis sur la période récente.

Du côté de l'offre, le principal facteur à prendre en compte est la politique de crédit des banques. Ainsi, se trouvent confirmées, dans le cas espagnol, les analyses de Kindleberger [8] et Minsky [9] suivant lesquelles le système financier est fondamentalement instable [10].

L'approche micro-économique vient compléter cette analyse globale. Durant les phases d'expansion, les banques se livrent à une intense compétition pour développer leur part de marché et ceci explique le fort taux de croissance des crédits observés. La façon la plus simple de gagner des parts de marché est en effet de prêter à des emprunteurs dont la qualité de risque est moindre. Cette stratégie est d'autant plus dangereuse qu'elle est mise en œuvre par un nouvel entrant sur un marché ou sur une région. Il y a donc un « problème d'agence » puisque le management donne la priorité à la croissance au détriment de la profitabilité sur moyenne période.

7. Santiago Fernandez de Lis, Jorge Martinez Pagès et Jésus Saurina, *Credit growth, problem loans and credit risk provisioning in Spain,* Banco de Espana, Servicio de Estudios, Documento de Trabajo n° 0018, BIS Autumn Central Bank Economists Meeting, October 2000.

8. Charles P. Kindleberger, *Manias, panics and crashes*, *op. cit.*

9. Hyman P. Minsky, "The financial instability hypothesis – capitalist processes and the behaviour of the economy" *in* Charles P. Kindleberger, *Financial Crisis,* Cambridge University Press, 1992.

10. Banco de España, *op. cit.*, p. 4-6.

La façon de corriger ce biais comportemental et du même coup d'éviter une hausse risquée de l'offre globale de crédit est d'obliger les banques à intégrer, dès la mise en place du crédit, le coût du risque futur. Cette pratique a deux effets vertueux. Le premier est de facturer le risque en tenant compte de la totalité du cycle. En conséquence, on évite de sous facturer en période d'expansion et de surfacturer dans une phase récessive. Le second effet concerne la situation des banques. En période de récession, la charge de provisionnement est allégée et donc la sécurité de l'établissement mieux assurée.

La Banque d'Espagne a ainsi créé ce qu'elle a appelé « une provision statistique » qui est une fonction croissante du portefeuille de risque et qui est inversement reliée aux provisions spécifiques ou individualisées faites sur le même portefeuille [11].

La mise en œuvre pratique n'est pas exempte de difficultés. La première est relative au traitement fiscal de ces provisions. Celles-ci vont-elles payer l'impôt au moment de leur constitution ou au contraire au moment de leur utilisation ? Le plus logique du point de vue contra-cyclique est la deuxième solution car elle conduit à ce que la baisse de la base fiscale d'une banque soit moindre en période de difficulté économique, ceci ayant pour effet de lisser les recettes fiscales. Pour la banque, le processus de constitution des provisions est, dans cette hypothèse, plus rapide, ce qui semble également plus intéressant dans la conjoncture présente. Bien sûr, un autre choix a toutes chances d'être opéré au moment où les déficits budgétaires des États sont particulièrement élevés. Mais ce qui importe avant tout c'est que ce choix soit coordonné entre les pays et, en particulier, en Europe.

La seconde difficulté a trait à la fixation du niveau de provisionnement. Le tissu économique évolue. Dans un pays comme la France, le coût du risque observé au début des années 1990 constitue certes un indicateur utile mais ne peut être une référence absolue. De plus, à cette date, la structure financière des entreprises s'est renforcée même si les PME ont encore besoin de conforter leurs fonds propres, et la réactivité témoignée dans la gestion de la crise est remarquable : les stocks ont été réduits et les niveaux d'emploi adaptés. Aussi, cette référence doit-elle être nuancée pour estimer le coût du risque attaché à

11. Banco de España, *op. cit.*, p. 18-20 qui détaille la formule de calcul de cette provision.

la crise actuelle. Et ce qui s'observe aujourd'hui peut se reproduire dans le temps : les cycles n'ont pas tous la même ampleur, les mêmes caractéristiques. Là encore la tentation existe de mettre un peu plus de sécurité, ajoutée à celle déjà incluse dans les autres règles mais non prise en compte ici.

La troisième difficulté tient au pilotage de la montée en puissance de ce provisionnement dynamique. Il doit tout d'abord faire l'objet d'une coordination étroite entre superviseurs. Il doit ensuite ne pas casser le rythme du développement des crédits à l'économie. Il doit enfin ne pas entraîner de baisse brutale des résultats et décourager les actionnaires, limitant ainsi les capacités de recours à un financement des besoins de fonds propres par le marché.

La titrisation revêt aussi un caractère procyclique. En période de haute conjoncture et lorsque la liquidité est suffisamment abondante, la demande des investisseurs est forte et leurs exigences revues à la baisse aussi bien en termes de risque que de rémunération. Dès que la conjoncture s'inverse, l'arrêt de la titrisation peut être rapide et sensible, réduisant ainsi de façon potentiellement brutale la capacité de financement de l'économie. Sans aller jusqu'à un niveau de régulation qui constituerait un blocage ou une gêne trop manifeste, il est cependant possible de fixer un cadre à la titrisation pour mieux assurer la sécurité des investisseurs et la liquidité du marché. Ce qui suppose plus de transparence dans la présentation des produits et un peu de standardisation au moins pour les opérations les plus courantes.

La quatrième difficulté est liée à l'enregistrement comptable de cette provision. Si la Banque d'Espagne a conservé sa capacité à définir les règles comptables applicables à ses ressortissants [12], il n'en n'est pas tout à fait de même des autres pays européens qui restent soumis à l'IASB. Or, l'IASB n'a pas encore défini les règles correspondantes et les projets mis à ce jour en consultation laissent à penser que le caractère procyclique des systèmes de provisionnement a de sérieuses chances de perdurer. Ce faisant, le régulateur comptable pourrait, une nouvelle fois, aller à l'encontre de l'intérêt général qui est de réduire le caractère cyclique des activités financières.

12. Jésus Saurina, Financial Stability Dept – Bank of Spain – AEB Meeting, Madrid, 14 November 2008, p. 12. À noter toutefois que la Banque d'Espagne a modifié sa formule de calcul en 2004 pour assurer la cohérence avec les règles IFRS.

Mesure du risque, prise en compte de la dimension, de l'échelle du temps, toutes ces évolutions réglementaires ne prendront leur sens et ne seront assurées d'être mises en œuvre de façon cohérente que si, en parallèle, la gouvernance des établissements bancaires s'adapte.

4. La gouvernance, au cœur de la mise en œuvre du nouveau code réglementaire

Deux grandes catégories de « problèmes d'agence » ont été mises en évidence à la faveur de la crise et doivent impérativement être corrigées.
La première est à relier aux politiques de rémunération dont ont pu bénéficier les opérateurs de marché jusqu'en 2008. La prise en compte, de façon majoritaire, sinon exclusive, du produit net bancaire pour fixer les rémunérations variables, s'inscrit en effet en contradiction avec les intérêts des actionnaires, et plus globalement des parties prenantes. Cette situation est désormais corrigée en France et devrait l'être au niveau international après les conclusions du G20 de Pittsburgh.
Le second problème d'agence est relatif à la prise de risque en période de croissance et à la priorité donnée à la croissance de la part de marché dans ces périodes. Le provisionnement dynamique répond à cette problématique. Dans l'attente, une politique des risques définie de façon rigoureuse et contrôlée dans sa mise en œuvre conduit à aligner les intérêts de toutes les parties prenantes de la banque [13].

Observons par ailleurs qu'il n'est pas dans la tradition française d'être très prolixe en matière de gouvernance, même si, dans les faits, celle-ci n'a rien à envier à nos confrères anglo-saxons dont l'aptitude à écrire ce qu'ils font formellement est tout à fait remarquable.

La tendance des régulateurs consiste aujourd'hui à saisir l'organe délibérant (le Conseil d'Administration dans une SA française) ou ses comités (dont on rappelle qu'ils n'ont pas de pouvoir de décision mais un simple pouvoir d'instruction). Le Comité des Risques et des Comptes revêt, dans ce contexte, une importance toute particulière. Outre l'appréciation des risques, l'opinion qu'il formule sur les comptes, sa compétence s'étend aussi au contrôle de la

13. Institute of International Finance, *Interim report on the IIF Committee on market best practices*, April 2008.

gestion de la liquidité, à la supervision des plans de contrôle périodique et permanent ainsi qu'à la « compliance » (déontologie). Tout ceci est cohérent. Mais l'extension des responsabilités de ce type d'organe a été tellement rapide qu'elle requiert du temps et de l'expertise, de telle sorte que l'on va devoir s'interroger, dans un premier temps, sur le mode d'organisation du travail de ce type d'instance puis, dans un second temps, sur sa valeur ajoutée réelle.

Il semblerait judicieux que, soucieux d'associer les représentants des actionnaires au contrôle des banques, on n'atténue pas, ce faisant, la responsabilité des dirigeants. Il y a là une dérive qu'il faut relever. Le management doit rendre des comptes mais il ne peut pas faire l'objet d'un contrôle tatillon et procédurier. Il faut en effet prendre garde à ce que la forme ne l'emporte pas sur le fond.

La mise en responsabilité des acteurs, suivant leurs niveaux de délégation, doit être la règle. La procédure n'est qu'un instrument, elle ne doit devenir une fin en soi ou un moyen de protection élégant et déresponsabilisant.

Partie II

Les nouveaux modèles de la banque

La transformation de l'environnement des banques telle que décrite dans la première partie conduit à s'interroger sur la validité des modèles qui ont servi à définir la stratégie des grands groupes.

En réalité, les changements peuvent être appréhendés à deux niveaux. En premier lieu, celui des principales activités des banques que sont la banque de détail, la gestion d'actifs et la banque de financement (chapitre I).

Nous porterons ensuite un regard différent sur le processus de constitution des portefeuilles d'activités. Ceci conduira à nous interroger sur les évolutions, selon nous prévisibles, des modèles de banque universelle (chapitre II).

CHAPITRE I

Pour un nouveau modèle économique des principales activités des banques après la crise

Quel est l'impact de la crise sur les modèles économiques et d'organisation que sont la banque de détail, la gestion d'actifs et enfin la banque de financement et d'investissement ?

De multiples changements vont intervenir dans la gestion de la politique monétaire et la régulation, changements qui vont nécessairement affecter le pilotage des banques, voire leur stratégie car le niveau de capital requis pour exercer certaines activités, telles les activités de marché va être augmenté. Parallèlement, les techniques de mesure et de gestion du risque sont en cours de réévaluation pour tenter de prendre en compte les enseignements de la crise.

Est-ce à dire que rien ne sera comme avant et qu'il faut tout reconstruire ?

Bien sûr il y a les partisans du « tout changer » ; ce sont en général des non-praticiens. La théorie est complexe, la réalité plus incertaine, voire ingrate. Bien sûr il y a à l'opposé les tenants du « ne rien changer », on les trouve plutôt dans les banques d'investissement de préférence anglo-saxonnes. Ces derniers ne veulent pas comprendre que l'opinion publique relayée par les politiques a modifié le regard porté sur la finance et ses métiers et ils n'accepteront pas que certaines pratiques perdurent. C'est vrai pour certaines rémunérations, c'est aussi vrai de certains comportements.

Ces postures sont sans doute trop simplistes. Mais celle très pragmatique qui consiste à identifier ce qui doit et ce qui va changer n'est pas simple non plus. Aussi, pour être le plus précis possible, avons-nous cherché à isoler ce qui nous paraît être une tendance de fond dans un métier – tendance que l'on pouvait identifier avant la crise et qui va vraisemblablement continuer à produire ses effets – des transformations additionnelles que la crise apporte et accélère.

Cette crise est transformante et c'est donc son degré de transformation qu'il faut tenter de capturer.

I. La transformation du modèle de la banque de détail

Nous allons, en premier lieu, développer une vision de la banque de détail à dix ans [1], pour ensuite détailler l'impact de la crise et, enfin, mesurer l'adaptation du modèle qu'il paraît souhaitable de réaliser.

1. Une vision de la banque de détail à l'horizon 10 ans

La banque de détail a contribué de façon significative au développement des groupes bancaires. En Europe tout au moins elle constitue le socle à partir duquel les autres activités ont été développées. Elle a fortement contribué à financer tant les extensions géographiques que les diversifications. Cette belle aventure va-t-elle continuer au même rythme ? Il faut malheureusement répondre par la négative et ceci pour deux raisons majeures.

La première est que dans de nombreux pays, en France en particulier, la bancarisation est tellement avancée que le flux de nouveaux clients à conquérir est limité. Il faut aller les chercher au berceau car il n'y a plus de phénomène de rattrapage comme celui qui avait été déclenché par la décision des pouvoirs publics de mensualiser les salaires et, en même temps, de libéraliser les ouvertures d'agences.

1. Cette analyse de la banque de détail est empruntée à un travail réalisé par Jacques Lenormand, directeur général délégué de Crédit Agricole SA intitulé *La Banque à 10 ans*. Cette étude réalisée dans la première partie de l'année 2007 n'a pas été publiée.

Le deuxième facteur qui explique le changement de rythme du primo-équipement bancaire est d'ordre démographique. Les *baby-boomers* ont fourni un flux régulier de clients nouveaux jusqu'en 1995.
En 2005, le primo-équipement en comptes-chèques concerne 700 000 personnes, chiffre à comparer à 2 millions de clients 20 ans auparavant.

Au début des années 1970, le taux de bancarisation était de 60 %. Il s'est établi à 94 % en 1990 et à plus de 95 % aujourd'hui. La marge de progression est à l'évidence limitée.

Tout ceci est également confirmé par le fait qu'au début 2007, un client pouvait détenir en moyenne 7,8 produits et services dans sa banque.

On est donc proche de la fin de l'âge d'or, de la période que l'on considère aujourd'hui avec le recul comme une période de facilité. D'où une interrogation sur la stratégie à mener, les initiatives à prendre pour assurer une croissance régulière sur moyenne période.

Comment compenser la fin du primo-équipement ? Comment capter les marchés qui sont en phase d'émergence ? Comment imaginer les produits de demain ?

Le premier élément à prendre en compte pour trouver le chemin du « comment » est de considérer les changements de comportement de la clientèle. Ils impliquent que les banquiers, à quelque niveau de responsabilité qu'ils soient, acceptent de modifier la vision qu'ils ont de leur métier : la banque. C'est donc une révolution comportementale, un changement rapide de posture qu'il convient de réaliser.

La vision traditionnelle de la relation banque-client est centrée autour de la notion de fidélité. La clientèle des banques change moins souvent de prestataire que dans d'autres activités de services, à commencer par les assurances. Le taux d'attrition est en moyenne de 6-7 % dans le premier cas, parfois moins pour un nombre limité d'établissement, contre 12-13 % dans l'assurance dommages.

La relation bancaire est donc une relation de longue période et les banques ont d'autant plus intérêt à conforter une telle caractéristique que la rentabilité de la relation croît avec le temps. C'est un constat logique : la confiance se renforce dans la durée et produit une intensification des relations financières. Par ailleurs, les revenus des ménages ont, en général, tendance à augmenter, sauf accident, au fur et à mesure du déroulement de carrière.

Mais cette tendance est aujourd'hui partiellement remise en cause par le comportement d'une fraction de la clientèle appelée les « butineurs ». Le client reste, pour l'essentiel de la relation fidèle à sa banque qui continue à gérer les produits de base que sont le compte de dépôts ou le crédit immobilier, mais il procède aussi à des achats d'« impulsion » lorsqu'une offre est attractive en termes de prix et simple d'accès. Au total, un client perçu comme fidèle aura 50 à 60 % de ses avoirs dans sa banque principale.

Ce comportement est encouragé par l'apparition de nouvelles offres proposées par de nouveaux entrants qui présentent le plus souvent la caractéristique de « pure players ». Ces acteurs peuvent être ou non liés capitalistiquement aux grands groupes bancaires déjà présents sur le marché. Ces groupes ont d'ailleurs soit créé *ex nihilo* ces nouvelles sociétés – comme le Crédit Mutuel avec Symphonis qui a développé une offre OPCVM et compte-titres ou le Crédit Agricole avec sa récente société d'épargne en ligne –, soit procédé à des rachats – comme la Société Générale avec Boursorama –, ou encore sont le fruit de reprises lors d'opérations plus vastes – comme Cortal Consors pour BNPP ou CPR On Line pour Crédit Agricole SA.

Mais d'autres initiatives sortent du schéma suivant lequel les grands groupes défendent leur position en investissant sur de nouveaux créneaux.
C'est le cas, par exemple, d'Assurtis créé en juin 2008 à l'initiative conjointe de Mediatis, acteur spécialisé dans le crédit à la consommation, et de l'assureur April Group. L'offre ainsi bâtie est un mix entre produits bancaires et d'assurance.
Au-delà de ces exemples qui n'ont qu'un caractère illustratif, deux tendances se dégagent : la première est l'effritement de la relation bancaire à l'initiative du client parce que celui-ci n'est pas satisfait des offres ou des services qui lui sont propres. La seconde est la multiplication des offres qui, avec l'appui des

nouvelles technologies, apparaissent plus simples d'usage, plus compétitives et donnent aux clients un sentiment de liberté par rapport à la banque.

Ces changements de fond au niveau de l'offre et de la demande vont se trouver renforcés par ce que l'on pourrait appeler des « facteurs transformants » de l'activité bancaire. Ceux-ci sont au nombre de trois : l'européanisation de la banque de détail, le développement du consumérisme par voie législative ou réglementaire, et enfin une diffusion rapide et croissante des nouvelles technologies.

L'européanisation de la banque de détail a toutes les caractéristiques d'une « longue marche » dont le rythme est régulier même si de temps à autre le rythme peut s'accélérer. L'appartenance à une même zone monétaire est le socle de l'intégration du marché. On distinguera donc l'Europe de la zone euro et l'Europe hors zone euro. Dans le premier cas, le risque de change n'existe pas et, de ce fait, les coûts de transaction ont vocation à être plus faibles. Le deuxième facteur d'intégration est la mise en force de règles communes. Même si les règles prudentielles sont différemment appliquées par les superviseurs, elles ont toutefois le mérite d'exister. Pour aller plus loin dans ce domaine, il faut disposer de vraies règles communes, c'est le fameux « single rule book » souhaité par les grands groupes bancaires européens. Sous l'impulsion de la Commission européenne et dans le cadre de son plan à moyen terme sur les services financiers, deux directives majeures concernant la banque de détail ont été adoptées : il s'agit de la Directive sur les moyens ou services de paiement et de celle qui concerne le crédit à la consommation. Dès 2012, ces deux produits de base de la banque de détail auront un véritable marché commun. Parallèlement, la Commission a cherché comment unifier le marché des crédits immobiliers. Le Livre blanc publié sur ce sujet n'a pas encore apporté de conclusions claires. Ce marché est en effet déjà très compétitif dans chacun des pays et il n'est pas certain que l'adjonction d'une composante européenne renforce le niveau de compétition. Un autre sujet étudié par la Commission revêt une plus grande importance. Il s'agit de la transférabilité des comptes entre établissements à l'intérieur d'un même pays ou entre pays.

Un transfert simple et rapide renforce instantanément le niveau de concurrence. Des progrès très significatifs ont été faits dans chacun des pays. Citons en particulier le Royaume-Uni et la France. Il n'y a pas d'harmonisation européenne au sens strict dans ce domaine, mais plutôt un mouvement convergent qui tient compte du droit et des usages en vigueur dans les différents pays.

Au total, la construction d'un marché européen de la banque de détail est en marche. Toute banque de détail occupant une position forte dans un ou plusieurs pays européens se doit donc d'inscrire sa stratégie de développement dans le cadre européen.

Le deuxième mouvement transformant des activités de banque de détail est la poussée consumériste appuyée par les Pouvoirs Publics. Il suffit pour s'en convaincre de voir l'intensité des débats et la multiplicité des amendements présentés devant le Parlement à propos du projet de loi portant transposition de la directive sur le crédit à la consommation. Alors qu'il ne s'agissait à l'origine que d'une simple transposition et que la vocation naturelle de ce type de process est d'appliquer la directive en l'état, précisément pour assurer l'homogénéité des pratiques à l'échelle européenne, le projet de loi redessine une bonne partie de cette activité, et notamment le crédit renouvelable. D'autres exemples de cette tendance pourront être trouvés dans l'inventaire des travaux du Comité Consultatif des Services financiers qui tente de maintenir un délicat équilibre entre les contraintes de l'industrie bancaire et les attentes des consommateurs telles qu'elles sont exprimées par différentes associations. Ce phénomène est général en Europe même si la France est clairement en pointe dans ce domaine.

Le troisième facteur de transformation est la diffusion des nouvelles technologies. Beaucoup a été écrit sur le sujet, aussi n'est-il pas nécessaire d'y revenir longuement dans ce cadre. Le point à souligner est la diffusion de ces technologies. Ont-elles du fait de leur utilité et de leur facilité d'usage vocation à devenir des outils « grand public » ?

Deux domaines d'activité sont principalement concernés : l'accès à l'information, qu'elle soit générale ou personnalisée et sous toutes ses formes, et les moyens de paiements. Les supports qui s'imposent sont bien évidemment Internet et le téléphone mobile. La caractéristique du mobile est qu'il devient désormais, dans certains cas, un moyen d'accès à l'information et, dans d'autres cas, le support du paiement sans contact. C'est donc un terminal bancaire dans les mains du client utilisable aussi bien dans les pays très équipés en matière d'infrastructure bancaire que dans les pays qui le sont moins. En d'autres termes, les applicatifs développés dans ce domaine ont vocation à s'amortir sur une base internationale large. À charge pour les groupes bancaires d'avoir une vision suffisamment anticipatrice et de construire leurs systèmes d'information et leur stratégie marketing dans cette perspective.

Les évolutions ainsi décrites paraissent conduire à trois modèles qui ont vraisemblablement capacité à converger dans le temps en fonction des caractéristiques et de la vitesse de l'internationalisation des banques.

Le modèle du « one stop shopping » à la Française qui se caractérise par un niveau élevé de détention des produits et services par les clients de l'ordre de 6 à 7. Les offres proposées concernent aussi bien les services bancaires et financiers traditionnels que la gestion d'actifs (plutôt en architecture fermée) l'assurance-vie et dommages, la prévoyance et, plus récemment, la gestion et les transactions immobilières.

Le *multi shopping* britannique s'appuie sur une relation client plus distendue avec un nombre de produits par client de 3 à 4, soit 50 % de moins que le modèle du *one stop shopping*, et une densité inférieure du réseau d'agence. Ce modèle plus ciblé n'est pas moins rentable, ainsi qu'en attestent les résultats de Lloyds, Barclays ou HSBC avant la crise.

Enfin, le *non stop shopping* que l'on voit plutôt dans les pays émergents mais qui peut être exploité dans tous les types d'économie. C'est une banque uniquement centrée sur les opérations avec une infrastructure de terrain (agences, distributeurs de billets) peu développée. Il n'est même pas nécessaire que le client ait un compte, une carte suffit comme dans le cas de la carte Daba-Daba lancée par Crédit du Maroc, filiale du Crédit Agricole dans ce pays.

Le succès de ces différents modèles reposera sur un élément commun : la capacité des banques à construire une nouvelle relation avec le consommateur de telle sorte que celui-ci en soit l'acteur.

LCL a fait ce choix et a adapté un positionnement marketing qui va dans ce sens. Les résultats très positifs obtenus témoignent de la pertinence de la stratégie et de la qualité de sa mise en œuvre. En outre, les premiers éléments dont on dispose laissent à penser que le marketing de LCL a bien « traversé » la crise.

Une crise qui conduit à revisiter le modèle de la banque de détail [2]. Pour ce faire, mesurons son impact sur le métier.

2. L'impact de la crise sur l'activité banque de détail

La crise a modifié, perturbé le lien de confiance existant entre la banque et son client. Septembre 2008 marque, à cet égard, un tournant. Le discours du président de la République à Toulon commence par l'énoncé d'une réalité : « Comme partout dans le monde, les Français ont peur pour leurs économies, pour leur emploi, pour leur pouvoir d'achat. » On passe, dans les propos de la plus haute autorité de l'État de l'implicite à l'explicite. La voie est ouverte au traitement de la crise [3].

Dans ce même discours, le thème de la confiance dans les banques est abordé de façon très directe. « Les épargnants qui ont eu confiance dans les banques, dans les compagnies d'assurances, dans les institutions financières de notre pays ne verront pas leur confiance trahie... Quoi qu'il arrive, l'État garantira la sécurité et la continuité du système bancaire et financier français [3]. »

La crise est publiquement identifiée, explicite. Il faut traiter le problème sans délai. L'incompréhension du public et des médias – bien qu'il ait été clairement affirmé que « les banques françaises paraissent en mesure de surmonter les difficultés actuelles [3] » – conduit à une interrogation généralisée sur la capacité des banques à assurer l'intégrité des dépôts.
Les témoignages recueillis auprès des collaborateurs des différents réseaux bancaires traduisent l'ampleur des craintes.

2. Pour une présentation des choix stratégiques des banques avant la crise, voir Jean-Paul Betbèze, « Le système bancaire européen : entre contre-révolution et internationalisation » *in* « La guerre mondiale des banques », *Les Cahiers du Cercle des Économistes,* sous la direction de Olivier Pastré, PUF, Paris, octobre 2007.

3. Discours de M. Nicolas Sarkozy, président de la République, au Zénith de Toulon le 25 septembre 2008.

Un mouvement de retrait des dépôts s'amorce. Des dispositifs de surveillance du phénomène sont mis en place et les informations sont remontées chaque jour lors d'une conférence téléphonique qui réunit la ministre de l'Économie, les administrations, la Banque de France, et les dirigeants des grandes banques.

Le phénomène durera une dizaine de jours et se traduira par un petit mouvement de dispersion des avoirs au bénéfice de La Banque Postale qui est le seul acteur à avoir, vu du public, l'État à son capital.
L'inquiétude sera levée lors de l'annonce du plan de soutien aux banques le 12 octobre.

Cet épisode va laisser des traces à plusieurs niveaux. Au niveau de la confiance que les clients accordent aux banques, en général, et à leur banque en particulier en premier lieu. Distinguons deux périodes : avant et après septembre/octobre 2008.

Une première enquête de juillet 2008 [4] retrace l'évolution de l'image des banques au cours de l'année écoulée. Le pourcentage des clients dont l'opinion est inchangée est supérieur à 50 % pour toutes les banques, à l'exception de la Société Générale impactée par l'affaire Kerviel qui a défrayé la chronique quelques semaines plus tôt. Le pourcentage de clients dont l'opinion s'est améliorée est de l'ordre de 30 % ; la Banque Postale atteint le score de 41 %. Les clients dont l'opinion s'est détériorée sont ceux de la Société Générale pour la raison indiquée précédemment (effet Kerviel) et LCL, en lien avec l'affaire Tapie-Adidas dont on reparle alors.

Hors ces éléments exceptionnels, la première phase de la crise financière ne paraît pas avoir eu un impact très marqué, le pourcentage de clients dont l'opinion s'améliore est supérieur au pourcentage de ceux dont l'opinion se détériore.

Une autre étude, réalisée cette fois par IPSOS en mai 2009 [5], vise à apprécier l'impact de la crise financière sur les clients des banques. Son intérêt est d'intervenir après la période perturbée de la fin de l'année 2008 et d'identifier les ressorts de la confiance des clients des banques.

4. IFOP, *Actualité Financière* pour Crédit Agricole, juillet 2008, n° 23388.

5. IPSOS Marketing, *Impact de la crise financière sur la confiance et le comportement des Français vis-à-vis des banques*, mai 2009.

Première information : pour 57 % des clients, l'image qu'ils ont des banques n'a pas changé, elle s'est dégradée pour 42 % et s'est améliorée pour 1 %. Pour autant que les deux études puissent être comparées, les opinions stables restent sensiblement supérieures à 50 %, à un niveau comparable à celui de 2008. C'est au niveau des opinions dégradées que l'écart est sensible. Elles étaient d'une dizaine de pour cent en 2008 et de 41 % pour la Société Générale. Ce pourcentage est en 2009 celui de la moyenne des banques. Les quelque 30 % de clients qui avaient une vision plus positive des banques sont désormais 1 %. Le signal de changement de posture est clair.

Lorsque l'on interroge les clients sur les raisons de leur confiance envers la banque, ils répondent qu'ils prennent en compte le fait que celle-ci soit une marque de référence, qu'elle dispose d'une forte implantation régionale, qu'elle appartienne à un grand groupe et qu'elle bénéficie d'une bonne solidité financière.

Les critères ainsi mis en avant ont comme caractéristique d'être plutôt stables dans le temps, ce qui conforte l'autre aspect des résultats des enquêtes sur les opinions favorables ou défavorables.

Lorsque l'on teste les critères de choix de la banque, les tarifs et la relation avec le conseiller sont les plus fréquemment cités, la bonne réputation de la banque ne vient qu'en quatrième position, après la possibilité de gérer ses comptes en ligne.

À la question : « Avez-vous modifié votre relation avec vos banques ? », 91 % des clients répondent qu'ils n'ont procédé à aucun changement. Pour ceux qui ont procédé à un changement, il s'agit principalement d'un transfert ou d'une résiliation d'un produit.

Lorsque l'on cherche à approfondir les causes d'un comportement qui semble stable, il apparaît que les principaux événements qui ont marqué la crise sont, dans l'ordre : la faillite des banques américaines, les affaires Madoff et Kerviel, les problèmes rencontrés par certains secteurs d'activités et, en quatrième position, la crise des *subprime* juste avant la faillite de certaines banques européennes.

Ce sont les mêmes événements, dans le même ordre, qui expliquent la dégradation de la confiance à l'égard des banques.

Ces résultats ont un côté rassurant mais aussi quelque peu trompeur pour les banques françaises. Elles peuvent considérer qu'elles sont moins au cœur de la tourmente qu'on a pu le dire. Mais au-delà de ce constat, la façon dont les clients retiennent les événements mérite examen. C'est moins les causes de la crise qui sont mémorisées que ses conséquences. Les banques, pour répondre aux attentes de leurs clients, doivent donc expliquer, plus qu'elles ne le font aujourd'hui, les mécanismes économiques. C'est leur intérêt commercial. C'est un des moyens de retrouver cette confiance indispensable à l'exercice normal de l'activité bancaire.

L'impact de la crise se mesure aussi au niveau des attentes globales des clients à l'égard de la banque ainsi qu'au travers de la demande de produits et services.

74 % considèrent qu'ils n'ont « plutôt pas » ou « pas du tout changé ». Pour les 26 % qui disent que leurs critères de choix d'une banque ont évolué, les tarifs ont pour 76 % d'entre eux plus d'importance qu'auparavant [6]. La réputation de la banque compte désormais plus pour 62 % d'entre eux, la performance des produits proposés pour 54 %, la relation avec le conseiller pour 53 %.

La compétitivité, l'image, la qualité de la relation sont désormais les éléments à prendre en compte pour engager une dynamique de développement à l'égard de la clientèle qui, depuis la crise, est en train de changer de comportement.

L'enquête annuelle 2009 sur l'image des banques réalisée par la Fédération Bancaire Française apporte une vision complémentaire. Ce sont les clients emprunteurs qui manifestent l'inquiétude la plus vive. Ils craignent, en effet, que les banques modifient leur comportement en matière de distribution du crédit et que, en particulier, les découverts soient remis en cause. C'est donc la clientèle la plus fragile qui, de façon compréhensible, apparaît la plus inquiète [7].

6. Les conclusions tirées de ce sondage sont confirmées par les statistiques de la DGCCRF au titre du premier semestre. *Le Figaro*, édition du 11 septembre 2009.

7. IFOP, Observatoire 2009 de l'opinion sur l'image des banques, Fédération Bancaire Française, juin 2009.

L'attente en matière de produits et services d'épargne évolue elle aussi. Les intentions de souscription des produits bancaires montrent que 90 % des clients entendent se tourner vers des livrets ou des placements à capital garanti, 1 % vers des supports à capital non garanti et 9 % vers ces deux types de produits. La demande sécuritaire est particulièrement forte. Il n'y a aucun doute et aucune surprise en ce sens. Les attentes en matière de distribution sont également stables. La demande de banque en ligne n'est pas affectée par la crise, sa praticité est toujours plébiscitée. Ce qui montre bien que la clientèle apprécie la situation en fonction de ses propres besoins ou attentes et que les événements extérieurs sont appréhendés au travers de ce prisme. À noter toutefois que 82 % des clients jugent préférable que cette banque en ligne appartienne à un grand groupe, et de préférence à une structure indépendante.

Les données disponibles pour les autres pays comparent la balance des opinions favorables et défavorables entre juin et décembre 2008. Elles marquent une nette dégradation en France, en Allemagne, en Grande-Bretagne et aux USA. Les pays les plus impactés sont l'Allemagne et la Grande-Bretagne, ce qui paraît logique compte tenu de l'impact dans l'opinion de quelques cas emblématiques de banques en difficulté.

Indice d'opinion sur le système bancaire en Europe et aux USA

% d'opinions favorables – % d'opinions défavorables

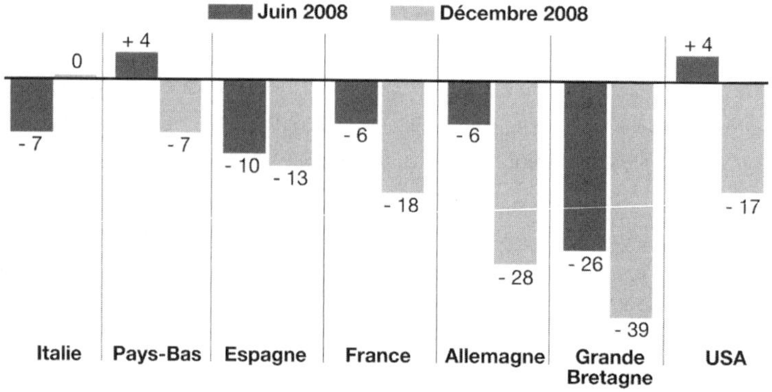

Source : IPSOS.

Une autre étude, de source différente, compare la période décembre 2008-mars 2009 et met en évidence une dégradation de la situation en Espagne, une amélioration en Allemagne vraisemblablement due à l'intervention des Pouvoirs Publics et à une prise de conscience au Royaume-Uni et, dans une moindre mesure, aux USA.

Note de confiance dans la solidité et la stabilité du secteur bancaire en Europe et aux USA

Note de 1 à 10

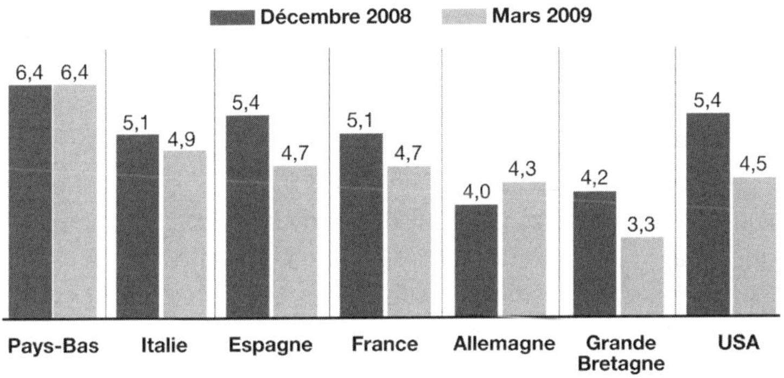

Source : BVA.

Après l'impact sur la confiance des clients et leurs attentes, la crise a eu pour effet d'affecter la tendance au développement de l'intermédiation qui a été sensible dans la période de pré-crise.

L'analyse menée dans plusieurs pays sur la période 1994-2004 montre que si le processus de désintermédiation a été important sur longue période, « il s'interrompt aujourd'hui en raison, notamment, de la remontée de l'endettement des ménages [8], par exemple en France ».

L'interruption des marchés a conduit les entreprises à se retourner vers les banques tandis que les ménages continuaient à s'adresser à elles. Le même phénomène a été observé dans plusieurs pays. Aux USA les crédits se sont partiellement substitués aux marchés défaillants, le caractère contra-cyclique de la banque commerciale a été ainsi mis en évidence.

8. Jean-Paul Betbèze, « Le système bancaire européen : entre contre-révolution et internationalisation », *Les Cahiers du Cercle des Économistes, in* « La guerre mondiale des banques », *op. cit.*, p. 69.

Ainsi, peut-on expliquer que la baisse de la croissance des crédits ne soit réellement intervenue en France qu'à la fin de l'année 2008, le 1er semestre 2009 ayant, du fait de l'inertie des encours, un taux de progression encore élevé, notamment si on le compare à celui des autres pays européens. Dès octobre 2008, la chute de la demande des crédits émanant des ménages a été brutale, celle venant des entreprises a été différée. Il fallait bien en effet financer les investissements en cours de réalisation.

Comme à la même période le coût de la liquidité était très élevé (plus de 200 points de base parfois), les banques ont relevé leurs tarifs pour les entreprises de façon instantanée et, avec un décalage, pour les ménages. Lorsque le coût de la liquidité a baissé, celui-ci a été répercuté globalement et très rapidement. Mais progressivement, le comportement qui prévalait avant la crise et qui consistait à ne facturer ni la liquidité ni le risque a cessé, car devenant intenable dans un contexte d'exploitation avec des volumes en baisse. Le marché évalue mieux désormais les prix du risque et de la liquidité. Et on peut penser que, même avec une concurrence intense telle qu'elle résulte de la fin de la période des primo-équipements, cette tendance subsiste car le marché du crédit est désormais plus sain, fondé sur des bases économiques réalistes.

Ayant pris la mesure des effets de moyenne période et de l'impact de la crise, quelles adaptations réaliser dans le modèle économique de la banque de détail ?

3. L'adaptation du modèle économique de la banque de détail

Il s'agit bien d'une adaptation du modèle de la banque de détail. Comme nous l'avons vu, ce modèle repose sur des tendances de longue période et n'a pas été remis en cause en France par la crise économique. Il en va différemment, de notre point de vue, au Royaume-Uni ou en Espagne, et bien sûr aux USA pour ce qui concerne le financement de l'immobilier des ménages. L'Allemagne est un cas différent car c'est la structure même du système bancaire et l'immobilisme qu'elle génère qui sont en cause.

La perspective d'une sortie de crise caractérisée par une croissance qualifiée de « molle » générera une activité bancaire en progression régulière mais plus faible que dans la période précédente. Et c'est cette moindre croissance de l'activité qui impose une révision de certaines des caractéristiques du modèle. Une croissance de 5 à 6 % du produit net bancaire ne semble plus réaliste quand la croissance économique est estimée à 1, puis 2 % et que l'inflation reste faible. Les 2 à 3 % de progression de 2008-2009 seront difficiles à tenir. Ceci veut dire que pour préserver leur rentabilité, les banques vont devoir assurer une croissance très maîtrisée des charges, voire même une contraction. Pour atteindre un tel objectif, une priorité toute particulière doit être donnée à l'investissement industriel et aux programmes de rationalisation de tous ordres. La compétition par les prix restera la dominante. L'accès d'offre qui caractérise le marché de la banque de détail ne va pas disparaître. La recherche d'économies d'échelle continuera à être une priorité. Cette politique s'appliquera aux moyens de paiement, à la gestion et à la garde des titres, à la gestion des prêts et à la gestion de l'épargne. Il ne s'agira pas, au moins dans un premier temps, de chercher à faire du nouveau mais plutôt de chercher à faire mieux en qualité et moins cher. De ce point de vue, les établissements qui ont engagé depuis plusieurs années déjà des programmes dits de « développement industriel » vont se créer un avantage compétitif.

L'anticipation dans la gestion du risque, et donc la maîtrise de son coût sur moyenne période, sera aussi une variable déterminante. Les provisions ne représentent-elles pas 50 % du résultat brut des banques en 2009 ? Les investissements réalisés pour mettre en place les règles Bâle II vont donc s'avérer être une nouvelle source de différenciation s'ils sont convenablement utilisés et approfondis. Il y a là une batterie d'outils propres à mieux cerner et gérer le risque. Les modèles Bâle II permettent une certaine anticipation dans la gestion du risque, ce que ne permettaient pas les méthodes traditionnelles essentiellement fondées sur une grande réactivité dès la survenance du premier impayé.

Deux autres adaptations nous paraissent importantes. Ce sont elles qu'il faut mettre en évidence car elles peuvent être à l'origine d'une véritable dynamique de développement : ce sont l'évolution de la relation client et la pénétration du *low cost* dans l'univers de la banque de détail.

En matière de relation client, la formulation de l'objectif à atteindre est simple, l'exécution plus délicate. Il s'agit de faire en sorte qu'une banque soit réellement la banque de ses clients. Le fait que les activités et les produits bancaires apparaissent souvent complexes, que le système se soit bureaucratisé donne le sentiment d'une banque lointaine. Parce que le marketing est avant tout un marketing d'offre, le client considère que la banque n'agit que dans son propre intérêt. Tout cela concourt à donner le sentiment d'une banque froide, voire hautaine, technique et qui se protège. C'est cela qu'il y a lieu de changer. Le chantier est vaste car il implique que l'on redéfinisse le positionnement marketing, que l'on réexamine les processus en se plaçant du côté du client, que l'on réorganise le réseau commercial, que l'on forme les collaborateurs, que l'on révise la logique du système d'incitation financière. Cette reconstruction est nécessairement longue, de 3 à 5 ans suivant notre expérience. Elle nécessite d'être planifiée, suivie avec opiniâtreté par un contrôle étroit de la qualité et des résultats.

C'est le chemin parcouru par les équipes de LCL depuis 2003. Dès 2008 les résultats financiers ont été manifestes et meilleurs si on les compare avec les autres acteurs du marché. Ils sont intervenus après une restructuration des *back-offices* fondée sur un travail sur les processus réalisés en 2004 et 2005, puis un changement de positionnement marketing, le lancement d'une nouvelle marque LCL, en lieu et place du Crédit Lyonnais, réussi dès 2006. Enfin, une réorganisation complète du réseau avec, en particulier, une simplification de sa structure en 2007 se traduisant par la suppression d'un échelon hiérarchique.

Le *low cost* est un sujet délicat dans la banque française en raison du taux particulièrement élevé de bancarisation des ménages. Les banques leaders craignent qu'en prenant des initiatives de ce genre elles se fassent concurrence à elles-mêmes et ne dégradent leur marge. Dans cette perspective, seuls les challengers dont la part de marché est faible ou de nouveaux entrants pourraient être intéressés par cette stratégie.

Une autre approche est possible. Elle consiste à prendre en compte le fait que pour les ménages modestes, les dépenses perçues comme essentielles (loyer, électricité, téléphone...) qui représentaient 25 % de leurs revenus dans les années 1970 atteignent aujourd'hui 50 %. Dans ce cadre, la banque a de plus en plus vocation à être perçue par eux comme une « utility ». Revisiter les produits et leurs modes de distribution pour les rendre plus accessibles en termes de prix et d'usage sans pour autant réduire les marges, tel est sans doute le défi des années à venir. Les premières expériences inspirées par la théorie dite de l'« Océan bleu » [9] ont été réalisées. Elles peuvent être considérées comme des premiers succès et montrent qu'il y a la place pour des produits innovants qui, de ce fait, créent de nouveaux marchés sur des territoires somme toute assez traditionnels. Le premier exemple est le lancement d'une carte intitulée « l'autre carte » dont les prestations sont limitées aux besoins essentiels du consommateur. Il n'y a donc pas d'assurances en inclusion ou d'autres types de prestations élaborées. La diffusion a rapidement atteint 326 000 exemplaires. La caractéristique à retenir est que cette carte a été achetée, pour une large part, par des clients qui n'en possédaient pas auparavant. Il n'y a donc pas eu de phénomène d'autoconcurrence comme on aurait pu le craindre *a priori*. Cette expérience montre qu'il est possible d'exploiter de nouveaux espaces dans les services bancaires dès lors que l'on accepte de revoir sa vision du métier pour s'inspirer des expériences réussies dans d'autres secteurs économiques.

Le second exemple est un produit d'assurance-vie appelé Cap Découverte. Il vise une clientèle à revenus modestes souhaitant épargner en vue de la retraite. Le capital est bien sûr complètement sécurisé et le montant initial comme les versements périodiques sont très faibles. Là encore, le succès est là. Plusieurs dizaines de milliers de polices ont été commercialisées. Un nouveau marché est ainsi créé. Même si d'évidence il reste limité en volume, c'est une épargne additionnelle qui est ainsi collectée.

La préoccupation de la retraite est largement partagée même pour des clientèles à capacité d'épargne limitée. Le revenu ne saurait être, pour les grands réseaux, le seul critère de segmentation.

Ces flux d'épargne viennent alimenter la gestion d'actifs dont le modèle doit, lui aussi, être revisité à la faveur de la crise.

II. La transformation du modèle de la gestion d'actifs

La gestion d'actifs est un marché estimé à 48 trillions de dollars en 2007 répartis à raison de 44 % aux USA, 23 % en Europe hors Royaume-Uni et 8 % au Royaume-Uni. C'est un marché d'institutionnels pour plus de 70 %.

9. W. Chan Kim et Renée Mauborgne, *Stratégie Océan bleu – Comment créer de nouveaux espaces stratégiques,* Pearson Education, Paris, janvier 2008.

Les réseaux de distribution, c'est-à-dire le non-institutionnel, représentent 24 % en Europe, 9 % au Royaume-Uni et 34 % aux États-Unis [10]. Le marché d'Europe continentale est dominé par les banques universelles.

Deux modèles cohabitent en Europe, suivant que les réseaux des groupes bancaires distribuent les produits de leurs propres *asset managers* ou, au contraire, font appel à des prestataires externes. On parle, dans ce dernier cas, d'architecture ouverte. Ce mode d'organisation est très répandu au Royaume-Uni où il représente plus de 70 % des actifs, en Suisse 42 % et au Benelux 27 %. La France et l'Espagne ont conservé un mode d'organisation traditionnel avec seulement 9 % des actifs gérés en architecture ouverte. Ces différences d'organisation ont des conséquences lourdes. L'importance de l'épargne en France, conjuguée au choix d'une architecture fermée, a permis le développement de sociétés de gestion qui figurent désormais parmi les plus importantes en Europe.

La Place de Paris est de ce fait devenue un des premiers acteurs de la gestion collective en Europe. C'est un élément clé de la compétitivité future des groupes bancaires français.

Si la crise a eu, d'évidence, un impact significatif sur l'industrie de la gestion d'actifs, en raison de la baisse du prix des actifs sur les marchés financiers [11], son ressort de longue période repose sur les comportements d'épargne.

1. Les bases de l'évolution de longue période de la gestion d'actifs

Le flux d'épargne est bien évidemment lié en premier lieu à l'évolution des revenus. Mais les comportements d'épargne sont, eux, extrêmement stables et en relation directe avec les données démographiques. Dans un pays comme la France, les plus de 50 ans détiennent 74 % de l'épargne totale. Et plus de 50 % de cette épargne est détenue par la clientèle haut de gamme âgée de plus de 50 ans.

10. Bain & Company, "Global Asset Management Industry", document non publié, septembre 2008.

11. Un changement de tendance a été observé au milieu de l'année 2009. « Un an après Lehman la gestion française aspire au renouveau », *Les Échos*, 5 octobre 2009.

Le paysage est toutefois plus contrasté qu'il n'y paraît en première analyse puisque ces mêmes plus de 50 ans détiennent 44 % de l'encours des crédits à la consommation [12].

Si l'on considère le montant de l'épargne et qu'on lui associe l'âge de l'épargnant, l'épargne totale culmine entre 60 et 64 ans. Elle est à ce moment-là le double de ce qu'elle est à 45 ans. L'assurance-vie atteint 64 000 € pour les 60-64 ans.

Montants d'épargne en fonction de l'âge

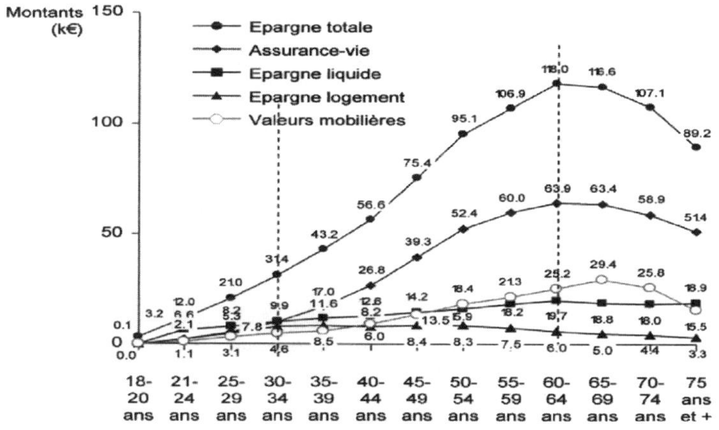

Source : Boston Consulting Group.

Si l'on analyse maintenant la structure de l'épargne par âge et par type de produit, l'épargne liquide, c'est-à-dire l'épargne bancaire baisse de façon régulière en fonction de l'avancement dans l'âge. Il y a bien sûr un lien avec le montant en valeur absolue de l'épargne. Il est normal de ne pas prendre de risque lorsque le montant de l'épargne accumulée est limité. Au-delà de 30 ans, l'assurance-vie dépasse l'épargne liquide et l'épargne-logement et devient le produit vedette. Les valeurs mobilières atteignent un palier entre 30 et 40 ans, puis progressent de façon régulière mais limitée pour atteindre 30 000 € à 65 ans.

12. Boston Consulting Group, « La crise et le marché de l'épargne », document non publié, juin 2009.

Structure de l'épargne en fonction de l'âge

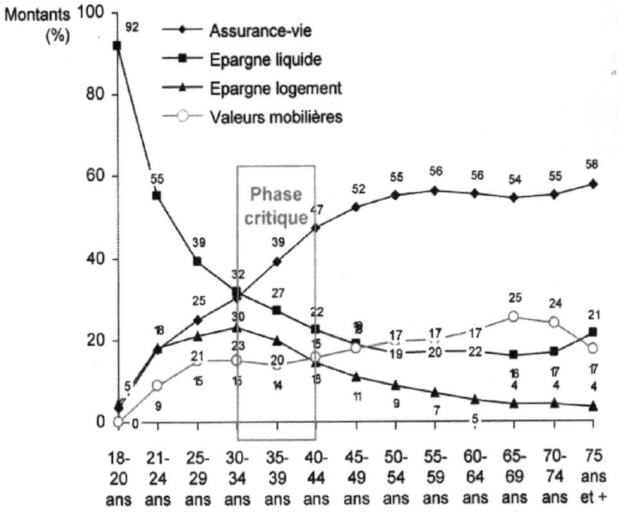

Source : Boston Consulting Group.

Les tendances ainsi décrites peuvent être temporairement affectées par la crise, mais, une fois la perturbation passée, la stabilité des comportements l'emporte. Le stock d'épargne est bien sûr affecté par la baisse des valeurs sur les marchés, mais c'est surtout le mix produit qui bouge dans ces circonstances exceptionnelles.

2. L'impact de la crise sur l'activité gestion d'actifs

Le premier impact de la crise est sensible au niveau des volumes. L'effet marché explique l'essentiel des baisses observées. Une étude récente du Cabinet McKinsey [13] montre en effet que si les encours ont baissé de 17 % en Europe en 2008 par rapport à l'année précédente, cela s'explique à raison de 14 % par la baisse des marchés et 3 % par celle de la collecte nette. Cet impact quantitatif se double d'un changement de comportement des épargnants. Ceux-ci, face à l'incertitude, se reportent sur les dépôts et livrets bancaires. La baisse des taux ne joue pas encore à plein et en 2008 les livrets sont encore correctement

13. *La Tribune,* 12 octobre 2009, p. 20.

rémunérés. Et aussi parce que les banques en mal de liquidité sur-rémunèrent les dépôts à terme. À cette période, l'industrie de la gestion enregistre, de façon ponctuelle, une sortie nette de capitaux d'un niveau jamais égalé au point que la liquidité des fonds devient un sujet de préoccupation et que des dispositions sont prises, en relation avec la banque centrale, pour que celle-ci soit assurée.

Le mouvement est encore un peu plus sensible en France car certaines sociétés de gestion étaient devenues des spécialistes des SICAV monétaires dites dynamiques. C'est-à-dire que pour pousser leur rendement dans une conjoncture de taux bas, elles avaient acquis des actifs (RMBS) qui sont apparus risqués avec la chute du marché immobilier américain pour devenir ensuite complètement illiquides. C'est pour assurer cette liquidité et maintenir leur réputation à l'égard de leurs clients que des banques, sociétés mères de ces gestionnaires, ont racheté ces actifs qu'elles ont ensuite dû déprécier. La réputation a été sauvegardée – ce qui est déterminant pour l'image de la banque – mais avec une charge à court terme qui a pu, ponctuellement, être significative.

L'effet volume ainsi décrit s'est conjugué avec un effet marge lié à l'évolution de la structure des actifs gérés. Comme le montre l'analyse de l'Observatoire des Caisses d'Épargne [14], les épargnants ont eu du mal à comprendre et à accepter les ressorts de la crise. Cela a eu pour conséquence une progression des craintes personnelles vis-à-vis de l'avenir. D'où une peur de perdre et le choix d'arbitrer en faveur de produits sécurisés.

Or la diminution du poids relatif des actifs risqués et leur substitution par des produits monétaires, à supposer que le volume soit identique, à un effet massif sur les marges ; celles-ci peuvent être de 60 à 80 points de base sur les produits à plus forte valeur ajoutée à comparer à quelques points de base sur les produits monétaires.

Comme la structure des coûts est assez rigide avec des charges de l'ordre de 20 points de base, on comprend la dégradation rapide des résultats d'exploitation de ces sociétés. En Europe, les revenus et les profits ont ainsi respectivement chuté de 20 % et 40 % entre 2007 et 2008 [15]. D'où deux

14. Observatoire des Caisses d'Épargne, *Les choix des épargnants face à la crise,* février 2009.

15. Étude McKinsey citée par *La Tribune*, 12 octobre 2009, p. 20.

phénomènes, classiques dans ce genre de situation. Tout d'abord, la restructuration dans chaque entreprise, soit pour limiter les pertes, soit pour restaurer la rentabilité. Puis l'amorce d'un mouvement de concentration qui s'appuie sur le fait que les économies d'échelle sont une réalité confirmée dans ce métier. Cette concentration prend elle-même deux formes : la vente des sociétés de gestion par les banques universelles qui considèrent qu'elles n'ont pas la taille critique et veulent aller vers un schéma d'architecture ouverte. Le cas le plus explicite est celui de Santander qui a manifesté le souhait de céder sa filiale mais qui n'a pas encore trouvé preneur compte tenu des conditions déplorables du marché. Et deuxième forme : la fusion entre acteurs, mouvement qui a commencé à s'engager.

Cette évolution, certes récente, témoigne de l'adaptation du modèle économique de la gestion d'actifs.

3. L'adaptation du modèle économique de la gestion d'actifs

La baisse des actifs gérés conduit, comme indiqué, à une nécessaire remise en cause à court terme. Toutefois, si l'on dépasse l'horizon 2010 pour se situer dans les années 2012 et suivantes, les perspectives deviennent plus favorables et le taux de croissance des actifs sous gestion pourrait retrouver un niveau supérieur à 10 % pour les raisons évoquées précédemment : vieillissement de la population, réforme des retraites et montée du besoin de protection ; ceci pour les économies occidentales sans compter la forte expansion des marchés émergents dont la croissance est estimée à 20 % par an.

Compte tenu du poids des institutionnels dans ce marché, la compétition va porter sur la performance, la qualité et la personnalisation des reportings, l'innovation et bien sûr le prix.

Aussi, dans la période de crise, le premier objectif est-il d'améliorer la compétitivité, c'est-à-dire de baisser les coûts de gestion. Si certaines entreprises vont rester avec des coûts de gestion à 15 ou 20 points de base, pour les plus petites d'entre elles qui ont fait le choix d'exploiter des niches, d'autres, à raison des économies d'échelle qu'elles sont en train de réaliser, pensent avoir des prix de revient inférieurs de 50 %. On peut donc s'attendre à une rupture dans les coûts de gestion.

Le deuxième axe caractéristique de l'adaptation du modèle est une polarisation progressive entre les gestions « bêta » et « alpha ».

La gestion « bêta » est celle qui propose une exposition directionnelle au marché. C'est la SICAV actions type que nous connaissons bien, notamment sous sa forme indicielle qui représente déjà 20 % des actifs gérés. Elle sera concurrencée par les *trackers* qui remplissent la même fonction. Dans ces types de gestion, les deux éléments clés de différenciation sont : le prix de revient et la liquidité des produits. Ces deux facteurs favorisent les *asset managers* d'une taille telle qu'elle leur permet de bénéficier d'économies d'échelle substantielles.

La gestion « alpha » a vocation à fournir une performance positive au-delà des indices. C'est l'essence même de valeur ajoutée d'une société de gestion. Dans la dernière période, elle s'est fortement développée à travers les produits de « performance absolue », notamment au sein de l'industrie des *hedge funds* dont les encours se sont fortement accrus au cours des dix dernières années. La forte décollecte qui a affecté ces gestions lors de la faillite de Lehman Brothers a permis de séparer le bon grain de l'ivraie.

- Les gestions qui tiraient véritablement leur performance d'arbitrages sur des marchés liquides ont bien résisté et ont confirmé leur promesse de décorrélation par rapport aux mouvements généraux de marché.

- En revanche, celles qui généraient leur « alpha » d'un effet de levier toujours plus élevé appliqué à des produits OTC peu liquides ont été confrontées à la nécessité de fermer totalement ou partiellement leurs fonds.

L'exercice des métiers de la gestion, qui recourt à des techniques et des modes d'intervention sur les marchés proches des BFI, s'est effectué selon trois modèles organisationnels : l'un dans lequel le gestionnaire d'actifs est étroitement lié à la banque d'investissement ; l'autre dans lequel ce gestionnaire est plus indépendant, le troisième qui joue sur la proximité avec la distribution. Le premier cas est celui des grandes maisons américaines et de Lyxor en France pour la Société Générale ; le second peut être illustré par Barclays qui a décidé de céder son gestionnaire d'actifs pour éviter tout risque de conflit d'intérêt, notamment aux

USA. Le troisième modèle se caractérise par une insertion dans un groupe avec la recherche d'une grande proximité avec les réseaux de distribution. C'est le choix fait par BNPP ou le Crédit Agricole.

Ainsi, voit-on se dégager une cartographie des modèles d'organisation des gestionnaires d'actifs suivant leurs choix de gestion, plutôt alpha ou plutôt bêta, leurs relations avec les banques d'investissement, ou enfin, et c'est la troisième composante, l'existence ou non d'un lien organique avec un réseau de distribution. Il est remarquable de constater que parmi les 10 premiers gestionnaires d'actifs mondiaux, la plupart n'ont pas de liens privilégiés avec des réseaux. C'est le cas de Fidelity, Capital Group, BlackRock et State Street. Le numéro 3 mondial est Axa Group qui est dans une position intermédiaire bien que sa tendance majoritaire soit l'architecture ouverte. Le seul acteur ayant une expérience internalisée de relation avec des réseaux de banque de détail est, dans les grands acteurs mondiaux, le nouvel ensemble résultant de la fusion entre Crédit Agricole Asset Management et Société Générale Asset Management en cours de réalisation. C'est un modèle différent du modèle anglo-saxon bâti à partir du « one stop shopping » caractéristique de la banque de détail française. Le pari stratégique associé à ce projet est double :

- d'une part, que les grandes banques de détail européennes qui ne sont concurrentes ni du Crédit Agricole ni de la Société Générale apprécieront d'avoir des interlocuteurs qui, outre la maîtrise de leur propre métier, ont un vrai savoir-faire de conception des produits et d'appui à l'animation commerciale des réseaux ;

- d'autre part, que la taille du nouvel ensemble, l'étendue de ses expertises et sa couverture géographique lui permettent de se positionner comme un acteur de premier plan pour la clientèle institutionnelle.

Ainsi la gestion d'actifs doit-elle, plus vite que d'autres domaines, tirer les conséquences de la crise et engager une révision stratégique. Le mouvement a d'ailleurs déjà commencé. Et puisque dans cette industrie les économies d'échelle sont une réalité, la course à la taille, facteur clé de compétitivité, a débuté. Il ne fait pas de doute qu'elle se poursuivra dans les années à venir.

Plus les métiers sont proches des marchés et plus le processus d'adaptation des entreprises aux nouvelles conditions nées de la crise s'impose. L'exemple de la banque de financement et d'investissement en est une autre illustration.

III. La transformation du modèle de la banque de financement et d'investissement

Les premiers mouvements de recentrage stratégique des banques de financement et d'investissement datent du milieu de l'année 2008. La rapidité de ces changements ne doit pas surprendre. Dès 2007, ces banques ont commencé à constater d'importantes dépréciations sur les actifs détenus dans leurs bilans, liés au marché immobilier américain, et devenus illiquides.

Il fallait donc réagir. L'analyse des décisions prises par les uns et les autres, montre qu'il y a en fait deux périodes :

- La première : après le 17 mars, date de la reprise de Bear Stearns par JP Morgan. L'idée qui prévaut alors est que le risque systémique est écarté et que le temps est venu de définir de nouveaux horizons. À cette date, tous les acteurs ne sont pas convaincus que certains marchés ont définitivement disparu. Aussi, les choix d'interruption de certaines activités ou de recentrage sont-ils accueillis avec scepticisme. Les questions des analystes portent sur le produit net bancaire de remplacement des activités mises en extinction.

- Après septembre 2008, le 8 : le sauvetage de Fannie Mae et Freddy Mac par le Trésor américain ; le 14 : la faillite de Lehman Brothers et la reprise de Merrill Lynch par Bank of America ; le 17 : le sauvetage d'AIG par le même Trésor ; le 21 : Goldman Sachs et Morgan Stanley deviennent des « bank holding companies » et, de ce fait, se placent sous la tutelle de la Fed. En quelques jours, une page de l'histoire bancaire moderne se tourne. Le modèle de la banque d'investissement est à réinventer.

Mais la démarche n'est pas comparable à celle décrite pour la banque de détail et la gestion d'actifs. Les tendances lourdes du métier sont beaucoup plus incertaines, l'impact de la crise est radical. La nature et le nombre des clients ne sont pas comparables. Les banques d'investissement et de financement s'engagent sur des montants considérables, pour un nombre limité de clients – quelques milliers au plus –, construisent et vendent des produits très sophistiqués et dont la vie est courte car souvent liée aux circonstances du marché.

Le premier impact de la crise est, outre la disparition de quelques acteurs, la réduction de l'offre ; phénomène plus marqué et plus répandu. La réduction de l'offre peut avoir un côté mécanique lié très logiquement à la contraction des volumes sur le marché. Ainsi s'explique une large part des réductions d'effectifs annoncées par les uns ou les autres. La City de Londres a, à titre d'exemple, perdu environ 30 % de ses effectifs depuis 2007.

Mais une fois la taille de l'offre réduite, il peut s'avérer que tel ou tel établissement ne dispose pas dans le métier considéré – notamment lorsqu'il est assez spécifique – de la taille critique suffisante. Dans ce cas, un raisonnement de nature purement industrielle peut conduire à considérer qu'une fois le point mort atteint, on peut attendre quelques mois pour évaluer la capacité de réponse du marché. À l'évidence, dans ce domaine au moins, les vérités sont successives. Mais c'est oublier la nature particulière de ce métier. Les équipes qui n'ont plus de perspective de développement – soit en termes de carrière, soit en termes de rémunération – vont chercher à quitter la banque. Elles y parviendront si le marché est un peu porteur ou si un concurrent a décidé d'investir dans ce domaine particulier. La concentration n'a donc pas pour seule origine le capital ; elle vient aussi de la concurrence sur les équipes. Comme l'a indiqué un banquier observateur, la « BFI est le seul métier que je connaisse où le travail exploite le capital ». La formule est amusante, elle n'est pas infondée.

Les bases d'un processus de transformation rapide sont donc posées. Mais quelles sont les nouvelles lignes stratégiques et comment les repérer ?

Une première indication en la matière nous est fournie par les diverses analyses publiées sur les tendances prévisibles du marché. Ce n'est sans doute pas l'élément le plus fiable mais cela permet de conforter d'autres analyses, internes celles-là, ainsi que les informations que l'on peut obtenir au contact des clients.

Une étude publiée par McKinsey au début 2009 met en évidence que la baisse des revenus, toutes activités confondues, entre 2006 et 2011, sera de 28 %. Mais que les activités de taux et de change pourraient, elles, progresser de 5 % tandis que les activités traditionnelles sur actions enregistreront une baisse limitée à 1 %. Ce sont les activités pour compte propre et celles liées aux produits structurés et aux dérivés les plus complexes qui connaîtront un véritable coup d'arrêt.

Possible evolution in volumes and economics

Revenue pool: towards a return to growth in rates/FX and cach equities?

Global capital markets and IB Revenues (pre-writedowns)

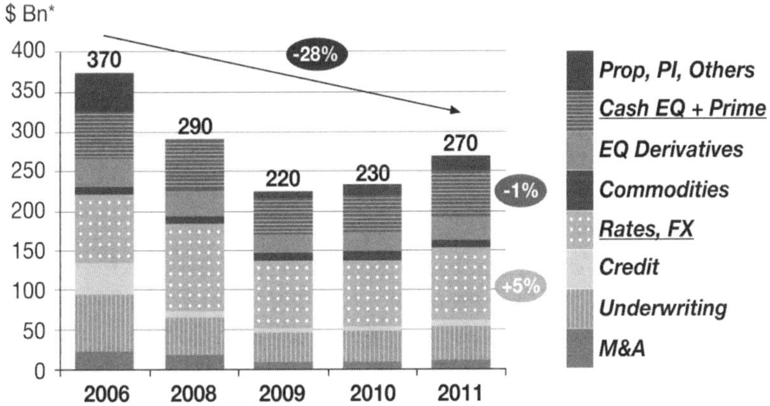

* *Constant 2007 Exchange rate*

Source : McKinsey analysis.

Dans une publication conjointe de mars 2009, Morgan Stanley et Oliver Wyman se concentrent sur la période 2008-2010 et prévoient une contraction des activités de taux et de change de 20 %, les revenus issus des marchés de matières premières devraient rester stables, la titrisation baisser de 80 % si l'on se réfère à 2006. Au global, la baisse entre 2007 et 2010 est évaluée à 30 %, ce qui semble cohérent avec l'étude précédente.

Mais dans un autre document, Oliver Wyman émet un signal un peu plus pessimiste [16]. « Notre analyse prévoit que même dans le scénario le plus optimiste l'industrie continuera à se désendetter en 2010 et que le scénario le plus pessimiste estime que ce mouvement devrait se prolonger jusqu'en 2012. »

Il semble toutefois que, même avec les incertitudes rappelées ci-dessus, le taux de rendement des fonds propres après taxes qui était de 21 % avant la crise puisse revenir, après restructuration, et à l'horizon 2011 à un niveau de 14 à 15 % [17]. Une étude encore plus récente de JP Morgan ramène le ROE à 13 %, et même 9 % dans le cas des BFI de Société Générale et BNPP [18].

Le mouvement de restructuration est en marche, il prend des formes différentes suivant les établissements. Trois types de politiques semblent se dégager. La première consiste à appeler un changement significatif dans le modèle économique, à redéfinir les activités centrales (*core business*) et à en déduire un profil de risque qui est en général significativement moins exposé qu'avant la crise [19].

UBS, RBS, Citi, Morgan Stanley, Natixis, Calyon relèvent de cette catégorie.

La deuxième politique identifiée consiste en une adaptation, semble-t-il, plus limitée, à la crise et centrée sur la contraction ou la réallocation des moyens. La réduction du profil de risque est réelle. On peut classer dans cette catégorie : Intesa San Paolo, Société Générale, BNPP et Goldman Sachs.

La troisième politique est un choix de développement, qui se veut certes maîtrisé mais qui est revendiqué : Barclays et JP Morgan Chase & Co ont fait ce choix.

Ces trois politiques pourraient conduire à trois modèles qui semblent émerger :

16. Oliver Wyman, *State of the Financial Services Industry,* 2009.

17. Estimations McKinsey.

18. JP Morgan, *Global Investment Banks – Switching preference form IBs to credit banks on regulatory change,* 9 September 2009.

19. Georges Pauget, *Corporate and Investment Banking Outlook,* Présentation faite à l'Institut International d'Études Bancaires Européennes, Paris, 22 mai 2009 (document non publié).

Les modèles émergents de banques de financement et d'investissement

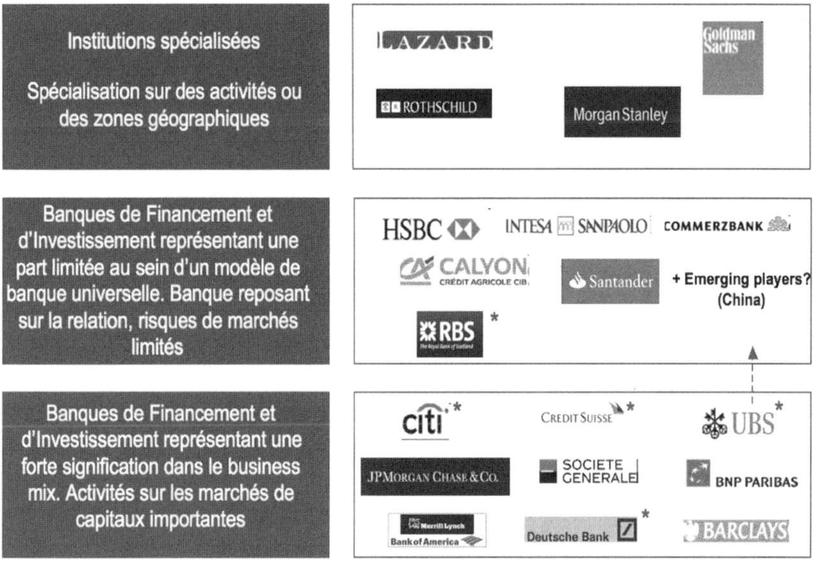

* Évolutif selon choix de repositionnement ou de développements sélectifs

Source : Crédit Agricole SA.

Le premier est celui des institutions spécialisées. Deux banques couvrent tout le spectre des métiers : Morgan Stanley et Goldman Sachs. Deux autres sont spécialisées dans les fusions-acquisitions : Lazard et Rothschild.

Le second modèle est retenu par des banques pour lesquelles cette activité ne représente qu'une part limitée dans l'ensemble des revenus du groupe. C'est souvent une logique de prolongement des activités de banque commerciale au service des clients grandes entreprises et institutionnels. Ces groupes sont en train de s'orienter vers un modèle de banque multi-spécialisée décrit au chapitre suivant. On y retrouve : HSBC, Santander, Crédit Agricole-Calyon, Intesa San Paolo.

Le troisième modèle est celui vers lequel s'orientent des groupes pour lesquels la banque d'investissement représente un poids significatif dans leur *business mix*.

Ce sont JP Morgan Chase & Co, BNPP, Société Générale, Barclays, Deutsche Bank.

Ainsi se dessine progressivement un nouveau paysage de la banque d'investissement. Le chemin ne sera pas rectiligne mais les grandes lignes semblent déjà tracées.

Chapitre II

Pour une approche renouvelée du portefeuille d'activités des banques après la crise

Sur quelles bases revisiter les modèles stratégiques des banques pour tenir compte des effets de la crise ?
La démarche la plus spontanée, au moins pour un acteur français, est de mettre en évidence tous les mérites du modèle de la banque universelle. Mais à quel modèle se réfère-t-on précisément ? La banque universelle est une banque diversifiée avec un poids souvent majoritaire de la banque de détail. Mais là s'arrête souvent le point commun entre les principaux groupes européens. La diversité apparaît quand on considère les contributions respectives des activités de gestion d'épargne, de crédit à la consommation commercialisées hors des réseaux bancaires, de la banque de financement et d'investissement. Mais l'un des intérêts de la diversification est bien évidemment d'assurer la plus grande régularité possible dans l'évolution des revenus et du résultat, et donc d'avoir l'impact négatif le plus faible dans la phase baissière du cycle économique et de profiter au maximum de la période haussière.

Ceci est obtenu notamment lorsque les activités de marché évoluent, sur une période donnée, différemment des activités de financement dirigées par le coût du risque. On recherche donc un décalage temporel.
Les analyses auxquelles nous nous sommes livrés (présentées en I) montrent que ce décalage n'est pas très significatif. Il y a donc lieu d'engager une autre démarche qui prenne en compte les enseignements de la crise et constitue un

guide pour reconstruire un modèle d'activités stratégiques. C'est ce que nous ferons dans la deuxième partie du chapitre (II). Nous vérifierons enfin la cohérence de cette démarche avec la méthodologie des *stress-tests* (III).

I. Test de la relation entre valorisation des actifs et coût du risque

La première démarche consiste à identifier et autant que possible caractériser la relation qui existe entre valorisation des actifs et coûts du risque. On peut imaginer *a priori* que la baisse des valorisations intervient après que le coût du risque a monté.
A contrario, la hausse des valorisations devrait plutôt se produire dans une phase descendante du coût du risque.

En toute hypothèse, on pourrait anticiper un décalage sensible sur l'échelle du temps entre variation de la valeur des actifs et coûts du risque. Un tel décalage en ligne avec le fait que la sphère financière est, dans l'hypothèse d'un choc exogène, impactée avant la sphère réelle serait logique. Ce décalage est de nature à justifier un modèle de banque universelle très diversifié, puisque de la sorte l'impact des chocs est réparti dans le temps.
À cette vision temporelle, il convient d'ajouter bien évidemment une approche quantitative. Le poids relatif des activités de marché ou d'intermédiation a, d'évidence, une influence directe sur l'impact final.

Les résultats obtenus apparaissent surprenants en première analyse. Une grande diversification des activités ne semble pas constituer une réelle protection quand on considère la durée du cycle économique.
L'analyse effectuée accrédite l'idée suivant laquelle la nature des activités n'est pas discriminante en période de crise. L'impact des dépréciations réalisées sur les différents types d'actifs est plutôt à l'inverse du poids des activités.
C'est-à-dire que plus l'activité considérée a un poids faible dans l'ensemble des activités exercées par la banque, plus l'impact est fort.

Ce résultat est cohérent avec le fait que les activités les plus récemment développées et qui donc peuvent ne pas être complètement maîtrisées ont, par construction, un poids faible. La courbe d'expérience est réduite, la capacité d'anticipation est limitée et la relation avec l'environnement moins appréhendée.

L'observation de l'évolution des résultats des banques françaises en isolant les origines des dépréciations ou des pertes confirme cette hypothèse.

Ainsi, le Crédit Agricole a subi de plein fouet l'arrêt des marchés des CDO. Plus de 95 % des dépréciations viennent d'une activité qui représentait 3 % du chiffre d'affaires de la banque de financement et d'investissement et 1 % de celui du Groupe Crédit Agricole SA.

La Société Générale a été affectée par les CDO mais également au niveau de sa gestion pour compte de tiers. Bien qu'il s'agisse d'une activité traditionnelle, et donc *a priori* bien maîtrisée, les difficultés sont venues des SICAV monétaires dynamiques qui, à l'expérience, contenaient des actifs immobiliers US risqués et de l'activité de gestion alternative, plus récente, qui a été déstabilisée par la crise de liquidité.

S'agissant de BNPP, l'analyse est plus difficile, l'impact est plus important que ce qui avait été annoncé à l'origine mais le lien avec une activité précise est difficile à isoler compte tenu des données publiées.

Il semble toutefois, au vu des résultats du quatrième trimestre 2008, qu'une partie des pertes vienne des activités de produits dérivés. BNPP a ensuite été affectée plus tardivement que les autres établissements par les CDO. Ces actifs étaient en effet garantis par des compagnies d'assurance (*monoline*) qui ont résisté un peu plus longtemps et dont la défaillance n'a été explicitée que dans le courant de l'année 2008.

Plaçons-nous maintenant à un niveau plus global et comparons les indices des marchés boursiers, considérés comme représentatifs des variations de la valeur des actifs au cours du cycle, avec le coût du risque.

Si l'on compare pour la France le coût du risque des banques françaises avec l'indice CAC 40, on peut distinguer trois périodes au cours de la décennie écoulée.

Diversification entre intermédiation et marchés financiers (France)

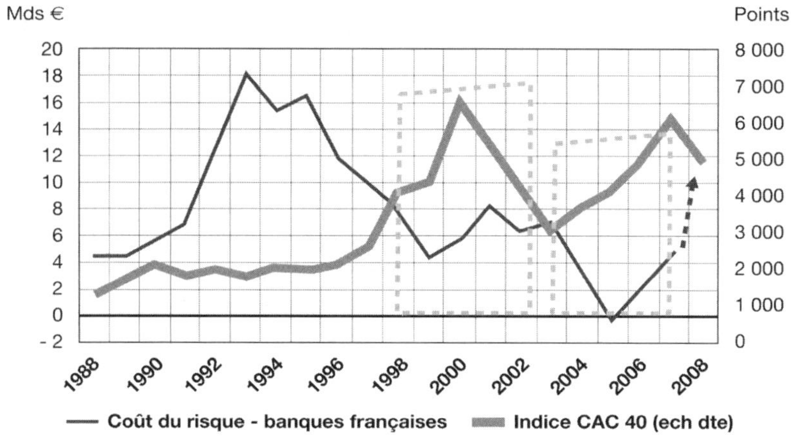

Source : Datastream, OCDE.

Entre 1998 et 2003, le CAC monte jusqu'en 2001 pour baisser ensuite jusqu'en 2003. On retrouve là l'impact de la chute des marchés consécutive aux événements de septembre 2001. Le coût du risque, après avoir beaucoup baissé en 1999, a connu une légère hausse en 2000, remonte sensiblement en 2001, pour rebaisser un peu en 2002 et 2003. Coût du risque et valorisation semblent en phase ainsi qu'il apparaît dans le premier quadrant.

La baisse du coût du risque en 2004 et 2005 va de pair avec la remontée du CAC. Le risque partant d'un niveau historiquement bas, remonte un peu en 2006 et 2007 sans que cela ait d'impact sur le CAC. Le lien est en revanche très explicite pour 2007 et 2008 et le décalage temporel peu significatif.

Les évolutions des indices boursiers et du coût du risque suivent le même rythme. Cela semble indiquer que les activités des banques ne sont pas aussi indépendantes les unes des autres qu'on aurait pu le supposer, dès lors que l'on considère l'ensemble de la période. La diversification des activités trouverait ainsi ses limites.
La même analyse graphique a été réalisée sur la même période pour les États-Unis en comparant le coût du risque et l'indice S&P 500.

Diversification entre intermédiation et marchés financiers (États-Unis)

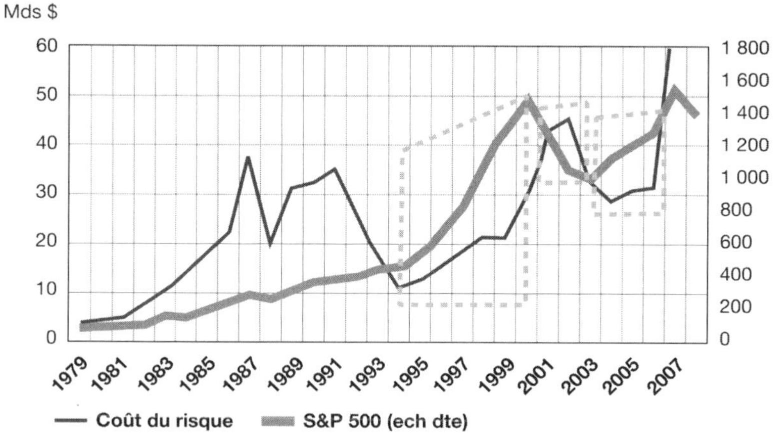

Source : Datastream, OCDE.

Le parallélisme des évolutions est différent de celui observé pour la France. Sur la période 1994-2001, le coût du risque augmente en même temps que le S&P même s'il se situe, jusqu'en 2000, à un niveau inférieur à la période 1986-1991. Entre 2001 et 2003, le risque continue à monter tandis que l'indice boursier baisse. On retrouve la même logique entre 2003 et 2006. Pour 2007 et 2008, les logiques comparées d'évolution sont identiques à celles observées en France.

Si l'on se limite aux années 1997-2008 – qui sont notre période de référence parce que caractéristique d'un système financier différent de la période précédente et profondément transformé [1] –, on est amené à conclure que le fait pour une banque de changer la composition de son portefeuille d'activité ne la protège pas nécessairement.

Cette analyse pose la question de la pertinence du modèle de banque universelle tel que nous le connaissons en Europe continentale.

1. Adeline Bachellerie, « Les grands déséquilibres monétaires et financiers » *in Les systèmes financiers,* sous la direction de Christian de Boissieu, *op. cit.*, p. 109.

La diversification des activités ne semblerait pas, en effet, apporter une contribution aussi importante que souhaité au lissage des résultats.

Cela serait paradoxal au moment où, semble-t-il, ce type de modèle résiste mieux à la crise. La situation relativement saine des banques françaises comparée aux autres banques – y compris européennes – en est l'illustration.

Aussi, pour approfondir l'analyse et lever les interrogations que cette première étude fait surgir, avons-nous recherché les activités qui sont les mieux valorisées par le marché pour tenter de dégager des modèles de combinaison des activités qui résistent correctement à la crise et sont en même temps bien valorisées en période normale.

II. Une recherche de la combinaison optimale des activités qui tienne compte des enseignements de la crise

Le modèle classique d'analyse des activités bancaires consiste à les regrouper par grands domaines d'activités définis à partir des métiers, des savoir-faire et des clientèles. Cette nomenclature est celle que présentent les grands groupes bancaires cotés lorsqu'ils rendent compte de leurs résultats aux marchés.

Cette approche permet de mieux identifier les performances à court terme dans chacun des métiers et, dans une certaine mesure, de les comparer. Elle est aussi le point de départ de l'analyse stratégique des groupes qui s'interrogent sur la meilleure allocation de capital possible pour une période donnée.

Une telle méthode a parfaitement fonctionné sur la période 2000-2007. Cela ne semble désormais plus acquis au moment où il y a lieu de mieux intégrer le risque et la liquidité dans la démarche stratégique.

Aussi, après avoir présenté la démarche classique, développerons-nous un nouveau modèle d'analyse stratégique post-crise.

1. L'analyse classique des activités et de la performance des groupes bancaires

L'analyse des groupes bancaires telle qu'elle est habituellement conduite pour apprécier leur valeur tend à distinguer des groupes d'activités considérés comme homogènes. En réalité, il n'existe pas de définition standardisée en la matière, ce qui rend difficile la comparaison d'un établissement à un autre et oblige souvent à des reclassements sans que l'on soit certain, au final, que les données soient strictement comparables.

Le premier lot d'activités ou domaine d'activités stratégiques est constitué par les activités de banque de détail. L'activité domestique, celle du pays où la banque a son siège social ou son quartier général, est isolée car elle représente une large part de cette activité, souvent de l'ordre de 50 % ou plus. Elle permet aux analystes d'apprécier les performances d'une banque sur le métier qui, au moins en Europe, est le plus souvent son métier d'origine et sur le marché qu'elle connaît le mieux.

Cette approche est complétée par les résultats de la banque de détail à l'international. À ce niveau, une dimension « pays-zone géographique » est souvent introduite. Elle permet d'isoler en pratique cinq grandes régions : Amérique du Nord, Amérique du Sud, Europe de l'Ouest, Europe de l'Est, Asie et Moyen-Orient.

Un tel critère est déjà différenciant. Ainsi, HSBC est une banque parfois qualifiée d'asiatique car elle réalise dans cette région une très grande part de son activité. BBVA et Santander exercent une activité importante dans la banque de détail en Amérique du Sud et commencent à se développer aux USA dans le sud hispanophone. Les banques allemandes, autrichiennes, néerlandaises, Unicredito et Société Générale sont plus orientés vers les pays de l'Europe de l'Est. BNPP intervient aux USA et en Europe de l'Ouest. Le Crédit Agricole a choisi l'Eurozone et les pays arabes.

Globalement, la banque de détail, activité à revenus et rentabilité récurrents, représente en général plus de 50 % de l'activité des banques universelles européennes. Elle est plus ou moins bien valorisée par les analystes financiers suivant les différentes phases du cycle. Lorsque les marchés financiers sont dynamiques et que les banques d'investissement affichent des résultats et des rendements élevés, la banque de détail est moins bien valorisée. À l'inverse, et cela a été sensible notamment à partir de 2009, une certaine forme de sécurité dans les revenus qu'apporte la banque de détail a contribué à une meilleure appréciation, en termes relatifs, de ce métier.

Un second lot est constitué par toutes les activités qui concourent à la gestion de l'épargne. Sont pris en compte la gestion d'actifs, la banque privée et l'assurance au premier rang de laquelle figure, en France tout au moins, l'assurance-vie. Ces métiers se caractérisent par une grande stabilité en termes de flux de revenus. L'intérêt de la gestion d'actifs par rapport à l'assurance-vie est qu'elle requiert moins de capital. Ceci est logique dans la mesure où l'assureur apporte différents types de garanties aux assurés ; les engagements ainsi pris, et qui portent sur une durée assez longue, nécessitent d'être sécurisés par des fonds propres qui seront en rapport avec le risque couvert.

Le troisième lot comprend ce que l'on a coutume d'appeler les services financiers spécialisés. Est inclus dans ce groupe le crédit à la consommation qui en constitue souvent l'essentiel. S'y ajoutent le crédit-bail et l'affacturage qui ont pour caractéristique avec le crédit à la consommation de reposer sur une analyse très technique du risque de contrepartie et de venir en appui de plusieurs autres types d'activités en France comme à l'international.

Le quatrième lot regroupe les activités de la banque de financement et d'investissement. Elles représentent pour les banques françaises environ 30 % des fonds propres alloués.

Il serait erroné de considérer que les métiers et leur poids relatifs repris sous cette dénomination sont parfaitement homogènes. Le poids des activités de financement est variable suivant les groupes. Certains ont un fort historique de banque commerciale dédiée aux grandes entreprises internationales. D'autres ont développé des activités plus sophistiquées comme les financements structurés ou les financements de projets.

Certains groupes sont des acteurs importants en matière d'intermédiation boursière. D'autres sont pratiquement absents de ce type de spécialités.

Enfin, à l'intérieur des activités de marché, les principaux groupes ont eu tendance à se spécialiser. Certes ils offrent tous une très large gamme de produits et services, mais certains se sont spécialisés dans des produits complexes. C'est le cas pour les dérivés actions, ce qui fait que la Place de Paris est désormais reconnue pour son savoir-faire dans cette spécialité.

Cette description rapide des analyses réalisées sur les banques commence à mettre en évidence un premier phénomène : les banques sont valorisées en considérant le croisement du poids de chaque métier pondéré par sa performance.

La méthode dite de la somme des parties est l'illustration de cette démarche. Une estimation du résultat de chaque métier est effectuée. Elle est multipliée ensuite par un PER propre à celui-ci. On somme le résultat ainsi obtenu par chacune des activités. Une décote est en général appliquée à ce résultat. Elle est en quelque sorte le « tour de main » de l'analyste car son fondement théorique n'est pas explicite.

Une telle méthode est adaptée à une analyse de courte période. On suppose que le marché à vocation à se rapprocher de ce prix cible à un horizon estimé de l'ordre d'un an.

Les gestionnaires des groupes bancaires comme les gestionnaires des activités qui les composent se servent bien évidemment de ce type de méthode pour estimer le niveau de création de valeur possible pour les actionnaires à un horizon qui peut varier de un à trois ans. La limite de ce type d'outil est que l'amélioration de la performance est recherchée principalement au niveau des métiers, ce qui est évidemment absolument indispensable. Mais un éventuel ajustement du poids relatif des métiers, qui se traduit dans le niveau de capital attribué à chacun d'entre eux, se fait dès lors de façon assez marginale.

Il y a derrière chacun des métiers une véritable industrie qui implique des milliers d'hommes et de femmes et une multiplicité de systèmes. Il n'est pas simple, il n'est pas immédiat d'opérer des restructurations importantes qu'implique *in fine* une modification du capital alloué. Celles-ci ne peuvent se faire que dans le cadre de plans d'adaptations dont l'horizon est d'au moins 15 à 18 mois. C'est le temps qu'il faut en général pour exécuter des fusions d'entreprises ou de systèmes. Il est toujours possible d'aller plus vite, mais cela signifie que l'on se situe alors dans un contexte d'urgence, associé à une situation de crise soit au niveau de l'entreprise car celle-ci dégage des pertes, soit au niveau du groupe bancaire, soit encore au niveau du système comme dans la crise de 2007.

Toute démarche plus ou moins inspirée des méthodes décrites ci-dessus se place dans un horizon de temps plutôt court et donne la priorité au rendement ; le risque est bien évidemment pris en compte mais ne constitue pas le cœur du système. Il est plutôt vécu comme une résultante pour ne pas dire une donnée.

Au total, l'analyse classique a l'immense mérite de mettre en évidence la performance des métiers. On peut en déduire la combinaison d'activités qui peut permettre d'améliorer celle-ci. On peut aussi mettre en évidence les limites des modèles économiques de chacun des métiers, les remettre en cause ou tout au moins en repousser les contraintes. Mais ce cadre ne prend pas en compte la durée du cycle ni la façon dont, en cas de crise, chaque activité est impactée. Un choc comme celui de 2007-2008, exige la prise en compte d'autres facteurs dans l'analyse stratégique pour en déduire un modèle post-crise

2 Un modèle d'analyse stratégique post-crise

La crise de 2007 conduit à la question de savoir s'il ne faut pas modifier notre regard et donner la priorité aux risques associés aux différentes activités.

Le risque mesuré sur la période 2003-2007 s'est en effet avéré extrêmement faible [2]. D'où une certaine tendance à le sous-estimer, à la « sous-pricer ». Comme le relève A. Orléan, « on constate de nouveau sur le marché du crédit une inefficience majeure : la sous-estimation du risque de crédit [3] ».

Il y a lieu de prendre en compte un horizon de temps plus long qui capture toute la durée du cycle afin de mesurer et comparer les performances relatives des

2. Christophe Boucher et Hélène Raymond, « Les crises bancaires et financières » *in* Christian de Boissieu, *op. cit.*, p. 103-104.

3. André Orléan, *op. cit.*, p. 26.

différents métiers tout en tenant compte pleinement de la dimension du risque, en particulier le risque systémique. Dimension absente dans les modèles de pilotage utilisés à ce jour.

Une autre raison nous conduit à privilégier cette approche. Les régulateurs souhaitent, en sortie de crise, accroître le niveau d'exigence de capital, en même temps que celui-ci sera défini de façon beaucoup plus stricte. Ils souhaitent aussi, afin de mieux gérer le risque systémique, conserver une certaine maîtrise de la croissance de la taille des bilans. Ils devraient aussi inciter à une certaine limitation de la complexité des organisations [4]. Tout cela concourt à donner plus de poids à l'approche par les risques car, dans une optique bâloise, ce sont eux qui définissent le niveau de capital requis.
Pour bâtir un tel modèle fondé sur les natures de risque, il faut porter un regard différent sur chacun des métiers, analyser leurs performances dans les différentes phases du cycle, mieux prendre en compte la dimension du temps, mieux expliciter les liaisons, lorsque cela est possible, avec les grandes variables macroéconomiques.

Il faut aussi préciser la nature des liens qui existent entre les activités du fait de l'évolution des mécanismes économiques en période de crise.

Pour ce faire, nous débuterons par une présentation du modèle (*2.2.1*), dont nous testerons ensuite la validité (*2.2.2*) pour définir ce que pourrait être une combinaison optimale des activités bancaires. Il sera alors possible de confirmer que le modèle classique de banque universelle doit évoluer et peut se transformer en un modèle de banque multi-spécialisée (*2.2.3*). La cartographie du système bancaire européen devrait alors se trouver modifiée suivant des lignes directrices que nous avons voulu identifier.

2.2.1. Présentation du modèle

Après une rapide description des concepts qui servent de support à la construction du modèle, nous l'appliquerons au cas des banques françaises

4. Sheila Bair, présidente du FDIC : « Il faut dissuader les institutions financières de se développer et de se complexifier au point d'engendrer un risque pour le système et pour l'économie », « Gérer la transition vers un système financier plus sûr », *Revue de Stabilité financière,* Banque de France, n° 13, septembre 2009, p. 17-18.

pour montrer en quoi cette approche qui repose sur des concepts traditionnels peut être jugée novatrice et adaptée au nouveau contexte financier.

Le modèle d'analyse des activités bancaires a été construit à partir des deux notions clés qui ressortent de nos études telles que décrites dans la première partie [5]. Les enseignements tirés de la crise nous paraissent ainsi mieux pris en compte.

Comme l'indique A. Orléan [6], « à la source de toutes les crises, on constate une rupture de la convention d'évaluation, conduisant à rendre l'estimation de nombreux actifs sujette à caution ».
Ainsi le mode d'évaluation du prix des actifs, l'appréciation que les acteurs économiques portent sur la pertinence de ce prix est-il le premier critère pris en considération.

Le second concept utilisé est celui de liquidité. Lorsque l'incertitude croît au point que la convention d'évaluation du prix des actifs se trouve remise en cause, alors la liquidité se détériore, elle peut même disparaître brutalement comme on a pu l'observer en 2007 et 2008.

Nous disposons donc d'une grille de lecture à deux entrées : mode de valorisation du prix des actifs et niveau de liquidité.

Appliquons ensuite cette grille aux différentes activités telles que nous les avons décrites précédemment.

Nous obtenons trois grands types d'activités qui traversent les différents métiers et obligent à une reclassification complète et donc, d'une certaine façon, à un changement de regard sur ces activités.

5. Le modèle imaginé par l'auteur a ensuite été approfondi en relation avec la Direction de la Stratégie de Crédit Agricole SA dirigée par Paul de Leusse.

6. André Orléan, *De l'euphorie à la panique : penser la crise financière*, Éditions ENS, rue d'Ulm, Paris, mai 2009, p. 75.

Les 3 modèles bancaires

1 — Banque de financement

- ✔ Banque de détail domestique et internationale
- ✔ Services financiers spécialisés
- ✔ Banque de financement : financements structurés et banque commerciale
- ✔ *Pour les banques françaises, réallocation des commissions financières au pôle «compte de tiers»*

→ **Sensibilité au risque de crédit**

2 — Gestion pour compte de tiers

- ✔ Gestion d'actifs au sens large comprenant :
  - gestion d'actifs
  - assurance-vie
  - banque privée
  - conservation
- ✔ Courtage (en pratique, séparation difficile de la BFI)
- ✔ *Idéalement, réallocation des commissions financières des réseaux*

→ **Pas de sensibilité directe aux risques**

3 — Banque de marché

- ✔ Banque d'affaires : M&A, primaire action & obligation...)
- ✔ Banque de marché : *fixed income*, dérivés actions
- ✔ *Retraitement du coût de la crise imputé pour certains groupes au PNB, réaffecté ici en coût du risque*

→ **Sensibilité au risque de marché**

On peut ainsi distinguer, très simplement, trois grands groupes d'activités :

① **Les activités de financement**, où actifs et passifs sont valorisés au coût historique. L'actif est réévalué périodiquement et fait l'objet de provisions collectives et individuelles. Le risque d'une surévaluation de ces actifs en période de crise nous paraît mieux maîtrisé dès lors que les banques utilisent les méthodes avancées Bâle II puisqu'il y a, dans ce cas, une révision continue de la qualité du portefeuille, à partir de critères ou de données externes.

Pour assumer la fonction de transformation qui est à la base de cette activité de financement, la banque a besoin d'équilibrer actif et passif en quantité et en durée. C'est bien évidemment l'objet de la gestion actif-passif. La banque a besoin de liquidité, appelée liquidité de financement, pour expliciter le lien avec l'activité correspondante. En pratique, cela se traduit par des émissions ou des cessions de titres ou par des opérations sur les produits dérivés de taux ou de crédit. Ainsi se fait le lien avec la liquidité de marché.

Les deux types de liquidité qui interviennent dans deux sphères différentes sont étroitement liés comme l'illustre le schéma ci-dessous :

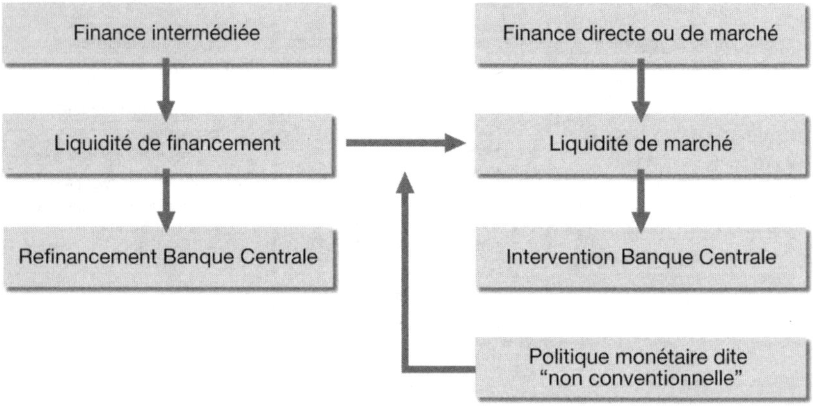

Les risques principaux associés à cette méga-activité sont le risque de contrepartie, le risque de taux et, désormais, le risque de liquidité qu'il faut séparer du risque de taux (en effet, en période de liquidité abondante, le risque de liquidité peut être intégré au risque de taux puisqu'il n'y a pas d'incertitude sur l'accès à la liquidité – c'est-à-dire à la quantité –, la seule incertitude qui subsiste est le prix).

Il va de soi que les activités de financement doivent faire l'objet d'un découpage plus fin. À titre d'indication, il faut distinguer les activités de crédit à la consommation et de crédit immobilier pour les ménages, les crédits de trésorerie et les crédits d'investissement pour les professionnels, les TPE et les PME, les financements des grands *corporates*, les financements de projets et les financements structurés.

Ces financements ont des cycles différents, présentent des risques différents suivant le niveau et les caractéristiques du *collateral* mais aussi suivant leur durée.

Même si le niveau de sophistication est différent, la nature de l'activité est la même.

Le risque systémique est lié à l'évolution des grandes variables macroéconomiques et à la valeur des actifs physiques qui viennent en garantie des concours.

Le lien avec l'économie réelle est plus direct, il n'y a pas lieu de passer – si ces actifs ne sont pas titrisés – par l'intermédiaire d'une évaluation du prix d'un actif financier qui obéit à une autre logique, celle des marchés et qui présente, de ce fait, plus d'instabilité. De plus, le prix de cet actif peut être impacté par des types de risques spécifiques aux marchés et qui n'ont pas nécessairement de lien direct avec les activités de financement de l'économie.

Au total, l'activité d'intermédiation a pour caractéristique de reposer sur une méthode de valorisation au coût historique réévaluée du risque, une bonne corrélation avec les variables économiques, en fin de processus, un lien direct avec les marchés financiers par l'intermédiaire de la gestion de la liquidité.

② **Les activités de gestion pour compte de tiers** constituent le second groupe d'activités. Elles comprennent la gestion d'actifs, l'assurance-vie ou la banque privée dans sa composante épargne force.

Le risque pour la banque est principalement le risque opérationnel comme on l'a vu explicitement dans le cas Madoff. Il existe aussi un risque de performance qui conditionne la stabilité du fonds de commerce. De bonnes performances ont d'évidence un effet fidélisant.

Mais la problématique de la valorisation du prix des actifs est reportée sur l'épargnant sauf s'il n'y a pas eu information suffisante de ceux-ci ou non-respect des règles de gestion telles que définies dans la documentation comme on l'a vu dans quelques cas de SICAV monétaires dites dynamiques.

Le risque pour la société de gestion porte essentiellement sur la variation, qui peut être brutale, de son activité et de ses résultats liés à la valeur des actifs gérés. La rentabilité repose en effet sur le mix entre volume et caractéristiques des actifs gérés. Les actifs à risques ou structurés sont mieux rémunérés. Les actifs sécurisés sont plus stables, mais ils ne dégagent qu'une faible marge. Ils ont toutefois le grand mérite d'assurer la couverture des charges fixes.

Aussi, ces entreprises sont-elles impactées à deux niveaux en période de crise. Au niveau du volume des capitaux gérés (effet d'échelle) et au niveau de la structure des produits, les produits non risqués comme les SICAV monétaires simples se développant au profit de produits risqués à base d'actions (effet d'envergure).

La nature des risques supportés explique que les exigences de fonds propres des sociétés de gestion collective restent limitées. Il en va différemment de l'assurance-vie qui apporte aussi des garanties aux clients. Celles-ci doivent donc être couvertes par des fonds propres.

③ **Les activités de marché** sous toutes leurs formes constituent le troisième groupe. Elles se caractérisent par une valorisation du prix des actifs à partir des seuls indicateurs de marchés, à condition bien évidemment que ceux-ci soient liquides.

Les techniques développées sont multiples, allant des produits les plus simples dits « vanille » à des opérations plus complexes qui s'adressent à un nombre plus limité de clients spécialisés. Ces différents types de produits sont développés sur les marchés de taux, de change, d'actions ou de matières premières. La mesure du risque lié à chacun de ces marchés comme leur agrégation conditionnement très directement la rentabilité des établissements sur ces activités dont le rendement est souvent élevé.

Le modèle ainsi décrit a été appliqué aux trois grandes banques françaises cotées.
À partir des données publiées par chacun des groupes, nous avons reconstitué, parfois avec quelques approximations, faute d'informations suffisantes, les trois grandes activités précédemment décrites.
L'analyse des activités appliquée aux trois groupes Crédit Agricole, BNPP, Société Générale met ainsi en évidence des différences significatives qui montrent une exposition aux risques différente.

Le pôle Financement est le plus important tant au niveau du produit net bancaire qu'au niveau du résultat d'exploitation qui se situe entre quatre et cinq milliards d'euros. Il est en outre intéressant d'observer que le coût du risque de contrepartie dans l'activité de financement est, en 2008, du même ordre de grandeur que le coût du risque de marché, étant précisé toutefois que certaines baisses de valeur des actifs de marchés s'inscrivent en comptabilité en diminution du produit net bancaire.

Le pôle financement contribue pour 70 % au produit net bancaire de l'ensemble du Groupe Crédit Agricole. Cette même contribution est ramenée à 65 % pour l'entité cotée Crédit Agricole SA, chiffre comparable à celui observé pour BNPP et la Société Générale.

Compositions du PNB

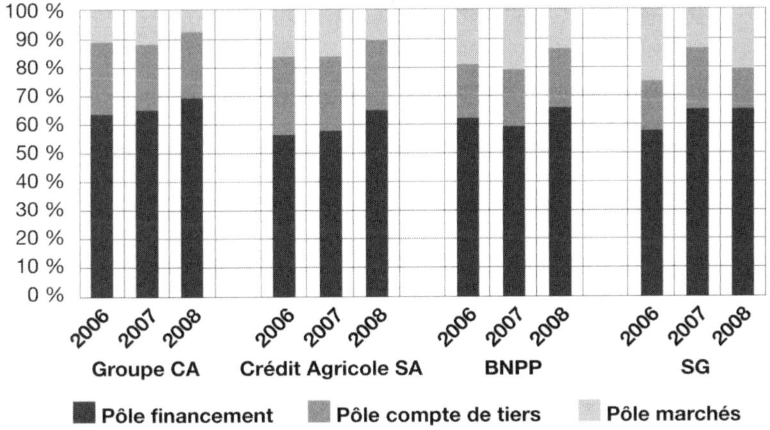

Source : Établissements.

La différence entre ces trois grands acteurs est plus marquée pour les autres pôles. Le Crédit Agricole a développé plus significativement sa gestion pour compte de tiers que BNPP, et surtout Société Générale. Cela s'explique en partie par le développement exceptionnel de l'assurance-vie au sein du Groupe Crédit Agricole.

La Société Générale s'est fait en revanche une spécialité des activités de marché qui ont pu représenter plus de 25 % du produit net bancaire.

BNPP a un profil intermédiaire entre le Crédit Agricole et la Société Générale.

Compositions du résultat d'exploitation

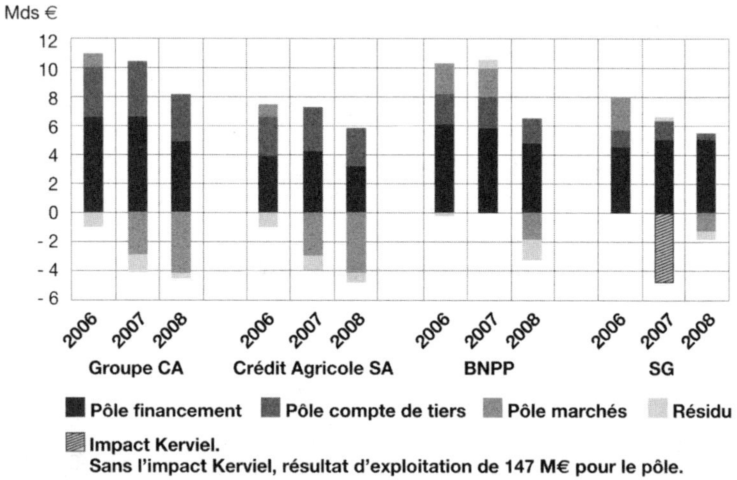

Source : Établissements.

Une fois les caractéristiques du modèle définies, il convient de le valider.

2.2.2. La validation du modèle

Une approche de longue période met en évidence le fait que le marché valorise mieux les « produits purs », c'est-à-dire les banques qui ont une orientation très marquée et valorisent un nombre limité d'activités par rapport à des acteurs dont la stratégie est très et peut-être trop diversifiée et qui, de ce fait, apparaissent plus hétérogènes et dont, par conséquent, les résultats sont plus difficiles à anticiper. Il y a manifestement une prime à la simplicité et à la prévisibilité des résultats.

Le choix a été fait d'utiliser les « price to book value » qui traduisent la vision que les marchés ont du potentiel de création de valeur par rapport à la valeur comptable des actifs, c'est-à-dire l'écart entre la valeur estimée par le marché et ce que l'entreprise ou la banque a payé pour se procurer ces actifs.

Cet indicateur a été calculé sur la période 2000-2009 pour chacune des trois grandes activités précédemment définies à savoir : banque de financement ou banque d'intermédiation, banque de marché et gestion pour compte de tiers.

Les principaux groupes bancaires internationaux ont été rattachés à l'un ou l'autre des modèles en distinguant les modèles « purs », centrés sur une seule activité, des modèles « hybrides », avec deux activités et donc deux types de risques ou plus, et enfin les banques universelles qui gèrent trois catégories de risques.

Modèles : ① « pur » – ② « hybride » – ③ « universel »

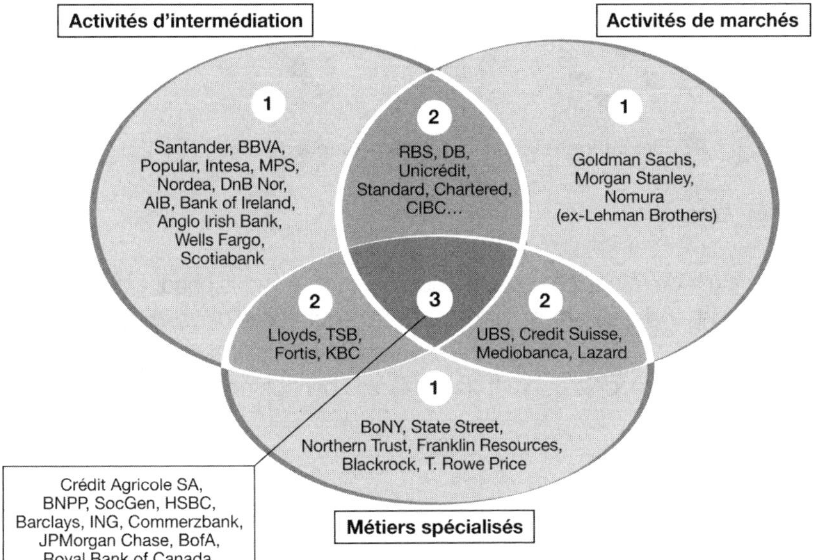

On parvient ensuite à une typologie des modèles telle que présentée ci-dessous. Les banques françaises sont particulièrement représentatives du modèle dit de banque universelle, les banques des autres pays paraissant plus typées. Cette situation s'explique facilement par les historiques des systèmes bancaires et le poids des marchés dans le financement de l'économie.

Typologie de modèles : exemples

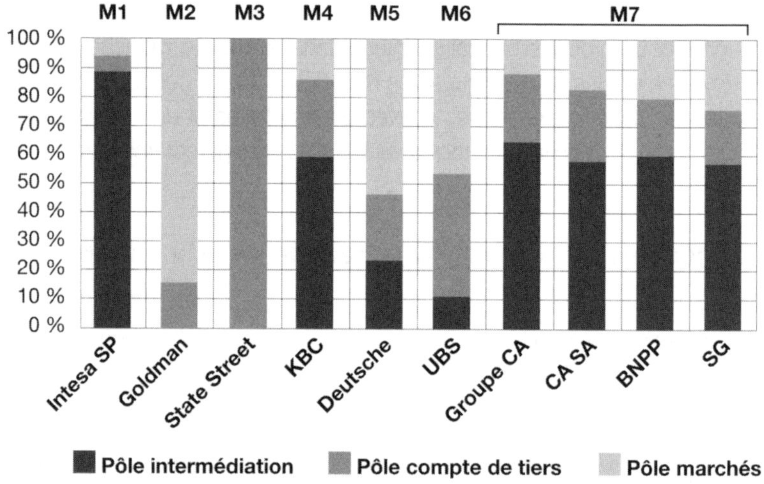

Source : Établissements.

L'indicateur de référence est le niveau de valorisation des banques universelles qui servent ainsi d'étalon de la mesure de la performance des différents modèles. Le graphique ci-dessous montre la valorisation additionnelle (de 0 à 60 %) qu'apporte un modèle différent de celui de la banque universelle.

P/BV modèles bancaires

(modèle compte de tiers pur exclus, systématiquement mieux valorisé)

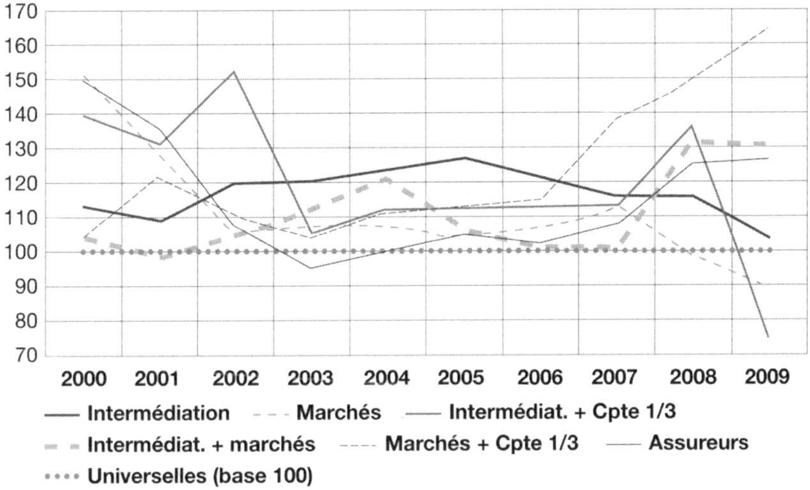

Source : Direction des Études Économiques Crédit Agricole SA.

Le modèle de marché pur est moins valorisé que ce que l'on pourrait spontanément imaginer à la lumière des commentaires d'aujourd'hui. Il figure parmi les plus fortes valorisations en 2001 et 2002, reste à un niveau modéré de l'ordre de 110/120 sur la période 2003-2007, pour connaître une remontée brutale en 2008 et une chute tout aussi logique en 2009.

Le modèle le plus performant est celui qui associe marchés et compte de tiers. Après une baisse compréhensible après 2001, un mouvement de récupération se développe à partir de 2003, puis une progression spectaculaire sur 2006-2008. C'est le modèle qui semble le mieux traverser la crise. Une explication principale à cela : c'est un modèle très adaptable, réactif, avec des acteurs à l'affût des changements de tendance des marchés.

Le modèle « intermédiation » a une bonne trajectoire de valorisation jusqu'en 2005, sa performance est moindre ensuite, mais constamment supérieure à celle de la banque universelle.

Le modèle « intermédiation + marché » performe pendant la crise, mais il est loin d'être le plus performant en période normale.

Ceci rejoint d'ailleurs les conclusions de l'analyse faite précédemment sur les évolutions comparées des indices boursiers et du coût du risque.
Marché et intermédiation sont en phase, le décalage temporel associé à une dégradation conjoncturelle n'est pas tel qu'il puisse permettre d'accentuer les choses.

Le modèle « intermédiation + compte de tiers » a une bonne efficacité, excepté en 2009, ce qui est logique.

L'analyse de ces différents modèles par sous-période complète l'approche descriptive ci-dessus.

Price to book (par sous-période)

Modèle universel = 100	**Intermédiat.**	**Marchés**	**Compte de tiers**	**Intermédiat./ Compte de tiers**	**Intermédiat./ Marchés**	**Marchés/ Compte de tiers**	**Universel**
P/BV juin 1999-juin 2009	120 3	116 3	206 1	129 2	109 4	119 3	100 5
P/BV janv. 2000-mars 2003	116 4	130 3	221 1	141 2	104 5	113 4	100 6
P/BV avril 2003-juin 2007	122 2	107 4	184 1	111 4	108 4	115 3	100 5
P/BV juil. 2007-juin 2009	114 3	103 5	233 1	119 3	121 4	147 2	100 5
Score	12	15	4	11	17	12	21

Source : Direction des Études Économiques Crédit Agricole SA.

Le modèle le plus performant sur l'ensemble de la période est « le compte de tiers ». C'est l'âge d'or des gestionnaires d'actifs. Même si ceux-ci sont aujourd'hui dans une posture plus difficile en raison de la situation des marchés et du comportement des épargnants, une reprise est à prévoir, après une période de consolidation.

Ce même modèle résiste bien en période de crise. Le deuxième modèle, dans l'ordre, est la combinaison « intermédiation + compte de tiers ». Il est à la fois performant et résistant. C'est, pour un banquier européen, largement influencé par la pratique de l'intermédiation, l'enseignement le plus intéressant de cette recherche.

Le modèle « marché + compte de tiers », celui des grandes banques d'investissement anglo-saxonnes, est performant entre juillet 2007 et juin 2009. Hors ces dates, il est moins bien valorisé que le modèle d'intermédiation plus sûr, plus stable, et dont les résultats peuvent être plus facilement anticipés par le marché.

Au total, les modèles « purs » sont mieux valorisés par les marchés. Cela se comprend, les gérants institutionnels préfèrent faire eux-mêmes leurs dosages entre les différentes activités suivant la conjoncture plutôt que de se les voir imposer par la banque.
La préférence pour ce que l'on appelle les « pure players », c'est-à-dire les acteurs très spécialisés est bien connue.

Le deuxième enseignement plus nouveau et intéressant pour ceux qui sont en charge de concevoir ou de décider d'une stratégie, est que les modèles mixtes avec deux activités ne sont ni survalorisés ni dévalorisés. Cela veut dire qu'avec un modèle avec deux activités, la diversification n'est pas pénalisée en termes de valorisation et donc davantage de sécurité n'implique pas de pénalisation supplémentaire. Ceci est particulièrement important pour des investisseurs long terme comme les fonds de retraite, les assureurs, qui souhaitent la sécurité et la performance sur longue période mais craignent toujours de voir leur portefeuille déprécié à court terme.
Plus le *mark to market* prendra du poids dans l'évaluation des actifs, notamment dans les entreprises financières, plus cet argument et donc ce modèle à deux activités prendra de la valeur.

Le modèle complet avec trois activités est sensiblement déprécié si on le compare à chacune de ses composantes. Clairement, les marchés n'achètent pas ce modèle. Cette moindre valorisation peut s'expliquer par la complexité d'intégration et de pilotage, la difficulté de dégager des synergies entre les lignes métiers. Ajoutons à cela, que les groupes concernés sont avant tout centrés sur l'intermédiation et ont des positions de challenges dans les métiers de marchés ou de compte de tiers, domaine dans lequel la taille est un facteur reconnu d'efficacité.

À ce stade de l'analyse et si l'on revient à une appréciation banque par banque, on peut avancer l'idée que le modèle de banque universelle tel qu'il a été défini et mis en œuvre par les groupes français pourrait être fragilisé à l'avenir. Des choix plus tranchés en matière d'options stratégiques seront sans doute nécessaires ; ils devront être cohérents avec le mouvement de concentration auquel on peut s'attendre en sortie de crise.

La validité du modèle se trouve, en outre, confortée par l'analyse des « bêtas » qui mesure la volatilité d'un cours relativement à un indice de référence. C'est un indicateur de risque attaché à l'investissement dans un titre donné.

Les valeurs observées confirment les conclusions tirées de l'examen des « price to book ».

Les modèles purs « intermédiation » et « compte de tiers », comme le modèle « banque universelle » dans lequel l'intermédiation prédomine ont manifestement un caractère plus défensif. La volatilité élevée du modèle « marché » est logique. Les associations « intermédiation + marchés » et « comptes de tiers + marchés » conduisent à une réduction de la volatilité.

Un cas particulier sort du schéma précédemment décrit. Il s'agit du modèle « intermédiation + compte de tiers ». Le bêta que l'on peut juger comme particulièrement élevé semble lié au fait que les banques incluses dans cette catégorie, à savoir Fortis, KBC, Lloyds TSB, ont connu des difficultés qui ne sont pas liées au choix du modèle. Accumulation d'actifs toxiques pour KBC et Fortis et acquisition de HBOS par Llyods.

En outre, des différences significatives apparaissent dans chaque pays. Elles s'expliquent pour l'essentiel par la qualité d'exécution des stratégies.

Analyse des bêtas

	1 an	2 ans	3 ans		3 ans ayant précédé la crise
Intermédiation					
Moyenne	*1,38*	*1,31*	*1,25*		*1,19*
Médiane	*1,35*	*1,36*	*1,28*		*1,23*
Mini / Maxi	*0,85 / 2,36*	*0,86 / 2,22*	*0,86 / 1,91*		*0,83 / 1,70*
Marchés					
Moyenne	*1,98*	*1,93*	*2,12*		*1,70*
Médiane	-	-	-		-
Mini / Maxi	-	-	*1,79 / 2,45*		-
Compte de tiers					
Moyenne	*1,50*	*1,56*	*1,47*		*1,41*
Médiane	*1,62*	*1,64*	*1,41*		*1,39*
Mini / Maxi	*1,03 / 1,94*	*1,13 / 2,36*	*1,09 / 2,12*		*1,06 / 1,96*
Intermédiation + compte de tiers					
Moyenne	-	*2,27*	*2,06*		*1,92*
Médiane	-	*2,40*	*2,17*		*2,02*
Mini / Maxi	-	*1,97 / 2,40*	*1,81 / 2,20*		*1,70 / 2,04*
Intermédiation + marchés					
Moyenne	*1,66*	*1,60*	*1,49*		*1,41*
Médiane	*1,75*	*1,65*	*1,53*		*1,45*
Mini / Maxi	*1,15 / 2,16*	*1,12 / 2,06*	*1,00 / 1,88*		*0,92 / 1,76*
Marchés + compte de tiers					
Moyenne	*1,57*	*1,54*	*1,49*		*1,46*
Médiane	*1,77*	*1,77*	*1,70*		*1,65*
Mini / Maxi	*0,77 / 2,17*	*0,79 / 2,05*	*0,84 / 1,93*		*0,87 / 1,85*
Universelles					
Moyenne	*1,54*	*1,48*	*1,48*		*1,31*
Médiane	*1,51*	*1,54*	*1,49*		*1,45*
Mini / Maxi	*0,97 / 2,21*	*0,94 / 2,10*	*0,83 / 2,48*		*0,76 / 1,82*

Source : Infinancials.

2.2.3. De la banque universelle à la banque multi-spécialisée

Ainsi, si l'analyse qui vient d'être présentée se confirme, le paysage bancaire devrait évoluer en sortie de crise et l'on devrait voir le modèle de banque universelle évoluer vers celui de banque multi-spécialisée.
Ce mouvement semble dès à présent s'amorcer. De nombreux groupes ont commencé à faire évoluer, que ce soit de façon affichée ou de manière plus discrète, leurs banques d'investissement. Il en est ainsi des banques françaises à des degrés divers.

D'autres ont cédé ou manifesté leur intention de céder leurs activités de gestion d'actifs. C'est le cas de Barclays et Santander. Intesa San Paolo a aussi indiqué son désir de sortir de la conservation de titres, comme l'ont fait auparavant Unicredito et HVB.

Peu à peu, les choix seront plus explicites et les modèles stratégiques auront, de ce fait, vocation à se simplifier. La cartographie stratégique du système bancaire européen évoluera selon nous en s'inspirant des modèles précédemment décrits.
Cette conviction est d'autant plus forte que les stratégies d'analyse et de gestion du risque telles qu'elles ressortent après la crise confortent cette cartographie.

III. Vérification de la cohérence du modèle avec les pratiques bancaires

L'analyse des stratégies des groupes, qu'ils soient bancaires ou non, met souvent en évidence les difficultés rencontrées lors de la mise en œuvre. Notamment lorsque ces stratégies viennent remettre en cause la vision que les acteurs ont de leur métier ou de leurs responsabilités.
Tel ne paraît pas devoir être le cas dans l'approche choisie. Elle est en effet en ligne avec la vision que l'on a traditionnellement des métiers de la banque et aussi avec la démarche des régulateurs.

Pour conforter cette démarche, la nomenclature du modèle a été rapprochée de la méthodologie des *stress-tests* qui sont certes utilisés par les superviseurs mais aussi par les directions des risques des établissements.

Nous démontrerons la cohérence de ces approches ; ce qui nous assure que l'on peut, par le truchement d'outils de ce type, passer de la stratégie à la mise en œuvre.

En outre, l'expérience relative aux indicateurs avancés que nous relaterons soulignera le fait que les grandes lignes de la stratégie peuvent irriguer l'ensemble de l'entreprise.

1. Cohérence du modèle avec la méthodologie des *stress-tests*

Les *stress-tests* utilisés par les régulateurs ou les superviseurs, pour mieux appréhender le risque systémique dans l'hypothèse d'une dégradation forte et brutale des variables économiques comme des marchés, sont menés suivant une méthodologie qui est cohérente avec notre nomenclature ; ce qui est logique dès lors que l'on choisit le risque comme point d'entrée de l'analyse. Il en va de même des *stress-tests* réalisés par chacun des établissements qui sont en général conduits avec des méthodes plus fines et qui s'améliorent avec le temps. Ces résultats ne peuvent toutefois être comparés d'un établissement à un autre, précisément parce que, dans ce dernier cas, les méthodes ne sont pas homogènes.

Observons en outre que la notion même de *stress-test* peut être entendue différemment. Le test réalisé en juin 2009 par la Réserve Fédérale américaine visait à évaluer les besoins de fonds propres dans l'hypothèse d'une aggravation prévisible de l'économie. Il ne s'agissait pas de tester le niveau de rupture du système. Le test réalisé quelques semaines plus tard par les autorités européennes est plus sévère dans ses hypothèses, notamment pour ce qui relève du scénario dit « adverse ». Les deux exercices seront au final difficilement comparables même si l'on fait abstraction des différences de méthodes qui ont pourtant un impact significatif. On risque fort de se retrouver devant un nouveau cas de naïveté européenne face à des USA organisés et pragmatiques. C'est l'une des façons de se créer des avantages compétitifs à devoir renforcer sa base de capital au-delà du nécessaire.

La bataille et au final les différences de normes ont toujours été un élément clé de la compétition. Nous nous trouvons au moment où, sous l'égide du G20, de nouvelles règles du jeu viennent d'être définies, dans une situation à la fois classique et critique.
Les *stress-tests* sont encadrés par un scénario qui reprend des hypothèses de croissance du PIB, l'évolution du taux de chômage, et bien évidemment anticipe les adaptations de politique monétaire au travers des taux d'intérêt et de politique budgétaire par l'intermédiaire d'une situation du déficit public.

Cinq scénarios sont en général demandés.

- Le premier concerne classiquement le risque de crédit. L'objectif est de mesurer l'impact d'une baisse des notes des contreparties. Dit autrement, on suppose que chaque entreprise voit sa situation se dégrader de telle sorte que dans le barème du risque de crédit de la banque, on procède à un abaissement qui peut être de une ou deux notes suivant la dureté du test. Le barème a été constitué à partir d'une analyse historique du risque de crédit, et le modèle qui sert à effectuer ce calcul doit avoir été validé par le superviseur, en France la Commission Bancaire. La finalité du test est de mesurer le coût du risque ainsi que les emplois pondérés qui dans les règles Bâle II déterminent le besoin en fonds propres supplémentaires après le choc.

  L'historique des tests réalisés depuis 2006 montre que l'impact global est assez correctement évalué. Il y a en revanche une vraie difficulté à prévoir quand cet impact va se manifester dans le temps. Les tests se développent en général sur deux ans, c'est-à-dire que l'on fait l'hypothèse que la dégradation de la situation économique et financière des entreprises est complètement répercutée sur le bilan des banques en l'espace de deux ans. Ce n'est pas certain. La transmission peut être plus ou moins rapide suivant la nature du choc et les secteurs économiques impactés. Il faut en conclure que ce type de mesure permet d'apprécier la résistance d'une banque à un choc économique mais ne permet pas d'anticiper précisément les résultats d'une banque trimestre après trimestre. Or, cette confusion est souvent faite et on voit même certains commentateurs ou analystes affecter la totalité de l'impact à une année. Ceci n'est que la traduction concrète d'un comportement d'« évitement du risque » particulièrement développé lorsque la crise est déclenchée et que l'on a plus de repère.

- Le second volet du test porte sur le risque de marché que supporte la banque en cas de scénario adverse sur les marchés financiers, c'est-à-dire sur les actions, le change, les matières premières. L'objectif est de mesurer l'impact sur le résultat de variations brutales et sur une période assez longue des principales variables énoncées ci-dessus.

- La troisième partie du test porte sur le risque de taux. Il s'agit d'apprécier l'effet de variations brutales des taux d'intérêt, à la hausse comme à la baisse, l'évolution de la courbe temporelle de ces mêmes taux sur le bilan de la banque et sur sa marge d'intérêt dans les deux années à venir.

- Le quatrième test porte sur le risque de liquidité. L'objectif est de mesurer la capacité de la banque à résister à des phénomènes d'interruption dans le fonctionnement des marchés. Les variables clés sont la base de dépôts clientèle qui a vocation à refinancer une très large part du portefeuille des crédits de la banque, la nature des créances figurant dans le bilan de la banque qui détermine l'éligibilité au refinancement de la banque centrale. Cette capacité de mobilisation peut représenter plusieurs semaines, voire plusieurs mois dans la période présente, de besoins de trésorerie de la banque.

- Le cinquième volet du test est plus global et, de ce fait, plus complexe à mettre en œuvre. Il s'agit d'apprécier les conséquences d'une récession forte et durable sur l'ensemble des activités de la banque pour mesurer l'évolution de la rentabilité et de la solvabilité de la banque à un horizon de deux ans. En fin de *process*, on calcule un ratio *Tier one* prédictif, c'est-à-dire que l'on apprécie le niveau de fonds propres durs rapporté aux actifs pondérés par le niveau de risque. C'est un indicateur qui permet de dire si une banque a besoin de fonds propres complémentaires. Si tel est le cas, elle devra faire appel au marché et procéder à une augmentation de capital pour retrouver le niveau de fonds propres qui assure sa pérennité. Si elle ne peut aller sur le marché c'est soit parce que le marché est fermé ou embouteillé, soit parce que sa situation est considérée comme trop dégradée, elle se retourne alors vers les autorités publiques. À charge pour ces dernières de décider ou non des mesures de soutien.

Le scénario s'est compliqué depuis le mois de juillet 2009 en Europe. La Commission européenne a en effet clarifié les règles qu'elle entend utiliser pour accepter ou non que les États soutiennent les banques de leurs pays. Il faut bien évidemment que la viabilité à terme soit démontrée. Il faut aussi, ce qui est classique, qu'un soutien soit assorti d'un plan de restructuration se traduisant par exemple par une simplification du portefeuille d'activité et donc des cessions d'actifs. Enfin, une banque ne peut être aidée deux fois. Si le premier plan ne réussit pas, il n'y a pas de seconde chance. La banque doit être cédée à une autre ou liquidée.
Nous verrons dans les mois qui viennent la portée effective de ces décisions de principe. Il semble toutefois que cela puisse être considéré comme le signal d'un mouvement de restructuration et/ou de concentration à l'échelle européenne dans les deux à trois années à venir.

Au-delà de la technique des *stress-tests* et de leur utilité dans la prévention du risque systémique, il paraît important de relever que cette démarche d'analyse du risque est en parfaite cohérence avec les modèles que nous avons développés. Le test sur le risque de contrepartie correspond pleinement au modèle pur d'intermédiation, il en va de même pour le risque de marché. Nous disposons donc d'instruments d'analyse anticipée du risque qui permettent d'adapter autant que nécessaire, période après période, le modèle stratégique de combinaison des activités choisi par la banque.

2. Cohérence du modèle avec le management d'une banque

Il est possible d'aller plus loin dans cette volonté d'une gestion anticipée ou préventive du risque qui est un facteur clé de succès des stratégies bancaires et d'associer ainsi un grand nombre de collaborateurs à la mise en œuvre de la stratégie.
La démarche consiste à structurer, organiser un process d'anticipation. Une expérience de ce type a été récemment engagée au sein du Groupe Crédit Agricole SA. Elle repose sur le constat suivant lequel des informations souvent qualitatives, parfois qualifiées de « soft information », ne remontent pas jusqu'au niveau décisionnel. Dit autrement, le système dispose d'informations décisives, mais ne mesure pas nécessairement leur portée et donc ne le transmet pas là où l'information peut être exploitée de façon décisive.

Le choix a été fait de ne pas confier à la Direction des Risques le soin de piloter un tel système. Non par défiance bien évidemment, mais simplement parce qu'il s'agit d'une information générée et potentiellement exploitée au plus près des affaires, c'est-à-dire du contact avec les clients qui fournissent aux commerciaux de la banque des données, des perceptions qui ne sont pas encore ou ne seront jamais dans les reportings comptables ou de gestion.
Pour animer cette circulation de l'information, il a été décidé de fonctionner en réseau, une telle organisation correspond en effet parfaitement à la nature du problème à gérer. Ce réseau ainsi constitué est doté d'un animateur localisé au sein de la Direction de la Stratégie pour faciliter la transmission de l'information entre les différentes directions opérationnelles. Le réseau a sélectionné une batterie d'indicateurs qualifiés d'indicateurs avancés. Tous n'ont pas ou n'auront pas nécessairement un caractère prédictif mais seront cependant de nature à faciliter un dialogue prospectif entre acteurs opérationnels. Le résultat attendu, qui devra bien évidemment faire l'objet de mesures, est une vision plus anticipée des risques par les acteurs opérationnels. On sait en effet qu'un dossier d'investissement peut être accepté sans difficulté sur la base de données historiques par des analystes crédit, on peut aussi en avoir une vision plus nuancée si des données plus prospectives sont mieux prises en compte.

Ainsi, les modèles que nous avons présentés peuvent-ils être mis en œuvre sans aucune rupture dans le modèle d'organisation. C'est là un élément particulièrement important. On observe en effet souvent dans la pratique que les modèles stratégiques subissent des déformations, des ruptures lorsqu'ils sont confrontés aux réalités organisationnelles. La performance s'en trouve réduite. Tel n'est pas le cas dans l'orientation que nous avons choisie. Simplement parce que la stratégie prend mieux en compte le cœur de métier de la banque, c'est-à-dire la sélection et la gestion du risque. Il est apparu lors des tests de validité des modèles que nous avons réalisés que des écarts de performance importants pouvaient apparaître entre établissements, même lorsqu'ils relèvent du même modèle.

Ceci peut s'expliquer par la différence de savoir-faire liée à la qualité, à l'expérience des équipes. Cela peut tenir aussi à la taille des activités qui peut ne pas autoriser certains investissements coûteux. En outre, les nouveaux arrivants sur un marché sont toujours ceux qui subissent le plus fort impact lorsque celui-ci se retourne.

Les transformations ainsi décrites prendront du temps car le changement est profond. Il implique une évolution de la vision que l'on a des métiers de la banque. Il pénètre au cœur d'une organisation qui regroupe plusieurs dizaines de milliers de collaborateurs dans une grande diversité de métiers.

Mais le temps des organisations n'est pas le même que celui des marchés. Gageons que la pression sera forte.

CONCLUSION

Une nouvelle page de l'histoire de la banque est en train de s'écrire. Saura-t-on tirer les enseignements de la crise que ce soit au niveau des entreprises bancaires comme au niveau des différentes instances de régulation nationales ou internationales ?

De nombreux projets ont été lancés, de nombreux acteurs ont été mobilisés.

Résultats : la crise des années 2007-2009 est désormais mieux comprise et l'on sait assez précisément ce qu'il est nécessaire de changer. Bien sûr, l'attention s'est portée sur les banques ; trop au goût des banquiers. Mais on pressent que les changements sont urgents et nécessaires, que les opinions publiques ne comprendraient pas que les chefs d'État et de Gouvernement ne prennent pas des décisions qui ont vocation à réduire l'impact économique et social des crises.

Il est de la responsabilité des dirigeants de banque et de leurs collaborateurs d'être des acteurs de ces changements.
Mais une réforme réussie est une réforme qui a été mûrie, planifiée, testée. La pression des Gouvernements peut conduire les régulateurs à réformer dans l'urgence. Ce serait une erreur. La multiplicité des instruments de régulation, la diversité des systèmes bancaires rend très complexe la définition d'un système international d'encadrement réglementaire de l'activité des banques. Il y a, comme souvent, un écart considérable entre le concept, présenté dans toute sa pureté logique et la réalité qui prend en compte les comportements des marchés comme ceux des différents acteurs au sein des organisations financières.

Aussi, au moment où il est encore difficile d'appréhender les conséquences opérationnelles des décisions de principe prises par les récents sommets du G20, est-il utile de tirer les enseignements de la crise pour les entreprises bancaires et de dessiner ce que pourront être les modèles de la banque de l'après-crise ?

Une certitude : les exigences de capital seront, à niveau comparable de risque, plus élevées dès 2010-2012. Cette nouvelle contrainte va conduire les banques à revoir leur stratégie et à réfléchir en particulier au niveau de fonds propres qu'elles allouent aux différentes activités. Des arbitrages vont nécessairement être faits dans les mois qui viennent. Notre analyse nous amène à penser que le modèle de banque universelle qui nous est familier va vraisemblablement évoluer et va, en particulier, se simplifier pour être mieux compris, mieux analysé par les marchés.

Ces arbitrages stratégiques vont conduire à de multiples changements ou transformations au sein des groupes bancaires.

Si l'analyse stratégique est importante, sa mise en œuvre est décisive. Ce sont les managers des différents groupes qui devront assumer cette responsabilité, prendre en charge le processus de transformation avec ses multiples composantes, humaines en premier lieu, opérationnelles ensuite. Ces managers vont donc devoir « fabriquer la stratégie », c'est-à-dire la rendre visible au niveau des différentes parties prenantes des entreprises bancaires.

Cet enjeu managérial est un élément essentiel. Il suppose de la transparence dans les décisions, une communication sur les principes comme sur les réalisations, la mesure exacte des difficultés rencontrées.

C'est la responsabilité des dirigeants de banque de rendre possible dès à présent ce profond mouvement de transformation pour faire en sorte que la banque soit mieux comprise et appréciée par ses clients d'abord, par les autres parties prenantes ensuite.

Bibliographie

ADRIAN Tobias et SHIN Hyun Song, « Liquidité et contagions financières », *Revue de la Stabilité financière*, Spécial Liquidité, n° 11, Banque de France, Paris, février 2008.

ADRIAN Tobias et SHIN Hyun Song, « Le système bancaire parallèle : implications pour la régulation financière », *Revue de la Stabilité financière*, n° 13, Banque de France, Paris, septembre 2009.

AGLIETTA Michel et RIGOT Sandra, *Crise et rénovations de la finance*, Odile Jacob Économie, Paris, mars 2009.

AKERLOF George, "The Market for Lemons: Quality Uncertainty and the Market Mechanism", *Quarterly Journal of Economics*, 1970.

ALESSI Lucia et DETKEN Carsten, "Global liquidity as an early warning indicator for asset price boom/bust cycles", European Central Bank, *Research Bulletin*, n° 8, mars 2009.

ARTUS Patrick, BETBÈZE Jean-Paul, DE BOISSIEU Christian et CAPELLE-BLANCARD Gunther, *La crise des* subprimes, Rapport du Conseil d'Analyse Économique, La Documentation Française, septembre 2008.

ATKINS Wendy, "A little fine tuning – French retail banking", *The Banker*, juin 2009.

BACHELLERIE Adeline, « Les grands déséquilibres monétaires et financiers » *in Les systèmes financiers : mutations, crises et régulation*, sous la direction de Christian de Boissieu, Economica, Paris, janvier 2009.

BAIR Sheila C., « Gérer la transition vers un système financier plus sûr », *Revue de la Stabilité financière*, n° 13, Banque de France, Paris, septembre 2009.

Betbèze Jean-Paul, *La crise, une chance pour la France ?*, PUF, Paris, janvier 2009.

Betbèze Jean-Paul, « La guerre mondiale des banques », *Les Cahiers du Cercle des Économistes*, sous la direction de Olivier Pastré, PUF, Paris, octobre 2007.

Betbèze Jean-Paul et Pauget, Georges, *Les 100 mots de la banque*, Que sais-je ?, PUF, Paris, juin 2008.

Borio Claudio, « L'approche macro-prudentielle appliquée à la régulation et à la surveillance financières », *Revue de la Stabilité financière*, n° 13, Banque de France, Paris, septembre 2009.

Boucher Christophe et Raymond Hélène, « Les Bulles spéculatives » *in* Les systèmes financiers : mutations, crises et régulation, sous la direction de Christian de Boissieu, Economica, 3e édition, janvier 2009.

Bourguinat Henri et Briys Éric, *L'arrogance de la finance. Comment la théorie financière a produit le krach*, Éditions La Découverte, janvier 2009.

Brender Anton et Pisani Florence, *La crise de la finance globalisée*, Collection Repères, Éditions La Découverte, avril 2009.

Danielsson Jon, « Réflexions sur l'efficacité de la régulation financière », *Revue de la Stabilité financière*, n° 13, Banque de France, Paris, septembre 2009.

Fernandez de Lis Santiago, Martinez Pagès Jorge et Saurina Jésus, "Credit growth, problem loans and credit risk provisioning *in Spain*", Banco de España/Servicio de Estudios, *Documento de Trabajo n° 0018*/BIS, Autumn Central Bank Economists Meeting, octobre 2000.

Jorion Paul, *L'implosion. La finance contre l'économie. Ce que révèle et annonce la « crise des* subprimes », Fayard, Paris, mai 2008.

Kim W. Chan et Mauborgne Renée, *Stratégie « Océan bleu ». Comment créer de nouveaux espaces stratégiques*, Pearson, Paris, janvier 2008.

KINDLEBERGER Charles. P, *Manias, panics and crashes: A history of Financial Crises*, 5e édition, Palgrave Mac Millan, New York, août 2005.

KLEIN Laure, *La crise des* subprime – *Origines de l'excès de risque et mécanismes de propagation*, Revue Banque Édition, Paris, décembre 2008.

MINSKY Hyman P., *The financial instability hypothesis – capitalist processes and the behaviour of the economy*, Cambridge University Press, mai 1992.

MISTRAL Jacques, *Fin du monde ou sortie de crise ?*, Le cercle des Économistes, Perrin Éditeur, avril 2009.

NOYER Christian, « Quelle régulation financière pour l'après-crise ? », *Revue de la Stabilité financière*, n° 13, Banque de France, Paris, septembre 2009.

ORLÉAN André, *De l'euphorie à la panique : penser la crise financière*, ENS, Paris, mai 2009.

ORLÉAN André, *Le pouvoir de la finance*, Odile Jacob, Paris, octobre 1999.

PASTRÉ Olivier et SYLVESTRE Jean-Marc, *Le roman vrai de la crise financière*, Perrin Éditeur, Paris, novembre 2008.

PAUGET Georges, *Faut-il brûler les banquiers ?*, J.-C. Lattès, Paris, novembre 2009.

PAUGET Georges, « Quelles perspectives pour l'après-crise ? », *Revue de la Stabilité financière*, n° 13, Banque de France, Paris, septembre 2009.

PAUGET Georges, « C'est une erreur majeure de considérer qu'en régulant mieux le seul système bancaire tout sera réglé », *Banque & Stratégie*, n° 273, *La Revue Banque,* Paris, septembre 2009.

PAUGET Georges, *Corporate and investment banking outlook*, Institut International d'Études Bancaires Européennes (document non publié), Paris, mai 2009.

Ricol René, *Rapport sur la crise financière*, mission confiée par le président de la République française, septembre 2008.

Walter Christian, *Repenser la planète finance – Regards croisés sur la crise financière*, Groupe Eyrolles, Les Éditions d'Organisation, Les Échos Éditions, Paris, avril 2009.